Direção espiritual
e meditação

Dados Internacionais de Catalogação na Publicação (CIP)
(Câmara Brasileira do Livro, SP, Brasil)

Merton, Thomas
  Direção espiritual e meditação / Thomas Merton ;
tradução Monjas do Mosteiro da Virgem. – Petrópolis, RJ : Vozes,
2022. – (Série Clássicos da Espiritualidade)

  Título original: Spiritual direction and meditation
  ISBN 978-65-5713-434-4

  1. Direção espiritual 2. Meditação I. Título II. Série.

21-92867   CDD-248.34

Índices para catálogo sistemático:
  1. Direção espiritual : Meditação : Vida cristã
    248.34

Cibele Maria Dias – Bibliotecária – CRB-8/9427

Thomas Merton

Direção espiritual e meditação

Tradução
Monjas do Mosteiro da Virgem, Petrópolis, RJ

Petrópolis

© 1960 by The Order Of St Benedict, Inc.
Este livro foi publicado originalmente em inglês pela Liturgical Press,
Saint John's Abbey, Collegeville, Minnesota 56321, U.S.A.,
e esta edição está sendo publicada com a licença da Liturgical Press.
Todos os direitos reservados.

Tradução realizada a partir do original em inglês intitulado
Spiritual Direction and Meditation

Direitos de publicação em língua portuguesa – Brasil:
1965, 2022, Editora Vozes Ltda.
Rua Frei Luís, 100
25689-900 Petrópolis, RJ
www.vozes.com.br

Todos os direitos reservados. Nenhuma parte desta obra poderá ser reproduzida ou transmitida por qualquer forma e/ou quaisquer meios (eletrônico ou mecânico, incluindo fotocópia e gravação) ou arquivada em qualquer sistema ou banco de dados sem permissão escrita da editora.

CONSELHO EDITORIAL
Diretor
Gilberto Gonçalves Garcia

Editores
Aline dos Santos Carneiro
Edrian Josué Pasini
Marilac Loraine Oleniki
Welder Lancieri Marchini

Conselheiros
Francisco Morás
Ludovico Garmus
Teobaldo Heidemann
Volney J. Berkenbrock

Secretário executivo
Leonardo A.R.T. dos Santos

Diagramação: Daniela Alessandra Eid
Revisão gráfica: Rubia Campos
Capa: Editora Vozes
Ilustração de capa: Lúcio Américo de Oliveira

Nota do editor:
A reedição desta obra é resultado de um projeto da Editora Vozes juntamente com a Associação Thomas Merton – Brasil, para manter disponível ao público de língua portuguesa o legado espiritual de Thomas Merton.

ISBN 978-65-5713-434-4 (Brasil)
ISBN 978-0-8146-0412-0

Este livro foi composto e impresso pela Editora Vozes Ltda.

Sumário

Prefácio de Cristóvão de Sousa Meneses Júnior, 7

Prefácio do autor, 13

DIREÇÃO ESPIRITUAL, 17
1. Sentido e fim da direção espiritual, 18
2. É a direção espiritual necessária?, 26
3. Como aproveitar da direção espiritual, 32
4. Manifestação da consciência e direção, 35
5. Problemas especiais, 48

QUE É A MEDITAÇÃO, 55

A MEDITAÇÃO NA SAGRADA ESCRITURA, 61

MEDITAÇÃO – AÇÃO E UNIÃO, 69

COMO MEDITAR, 81
Recolhimento, 82
O senso da indigência, 84
A atmosfera própria à oração, 86
Sinceridade, 90
Concentração e unidade, 95

O Assunto da meditação, 96
Bases, 101

TEMPERAMENTO E ORAÇÃO MENTAL, 105
Conclusão, 109

Prefácio

O entusiasmo de apresentar esta importante obra não é maior que a alegria de testemunhar o surgimento de uma nova geração de admiradores de Thomas Merton em nosso país; ávidos para consumir os livros deste que é o maior escritor espiritual do último século. Trata-se de reflorescimento: o fenômeno das décadas de 50 e 60 que, além de arrastar aos claustros centenas de jovens, lançou profundas raízes em nosso chão, e agora despontam perfumados botões em seus diversos ramos.

Uma constatação para início de conversa: buscar e seguir uma vida espiritual tem seu alegre sabor, o de encontrar no trajeto boas amizades espirituais. E quando o caminho se mostra obscuro com as dificuldades que lhe são comuns, surge a necessidade da ajuda de alguém experiente na estrada. Afinal, como se orientar no caminho antes de o ter percorrido?

Nesse itinerário, cedo ou tarde, encontraremos aquele amigo especial que cumula o papel de diretor espiritual. Foi o meu caso! E o fato de ver você chegar até aqui pode denotar que já tens a amizade ou já estás sob a mentoria de Thomas Merton.

Não é exagero dizer que Merton foi e continua a ser, por meio de seus livros, diretor espiritual de uma multidão. Sua transparência e o desejo de pertencer inteiramente a Deus nos eleva à condição de admiradores. Mas quando ele expõe suas lutas, dores e contradições, uma reviravolta acontece e... ele já se tornou nosso amigo mais íntimo desde sempre.

Esse amigo e diretor espiritual descobriu uma dimensão da existência humana que por muito tempo tinha negligenciado: uma espiritualidade muito antiga centrada na consciência da presença de Deus. O desenvolvimento da espiritualidade contemplativa foi o principal legado de Merton; não que ele a tenha inventado, mas atuou diretamente para resgatá-la do lugar marginal que se encontrava, cavando um curso de rio que passa pelo relacionamento autêntico consigo, com Deus, com o outro e com a Criação, e que inevitavelmente deve desaguar na Compaixão.

O contexto em que o presente livro foi escrito está situado no momento em que Thomas Merton já era mundialmente conhecido pelo sucesso que a autobiografia *A montanha dos sete patamares* tinha causado; cerca de um ano após a luminosa experiência epifânica em Louisville, em 18 de março de 1958, quando viu-se "unido" a todas as pessoas que iam e vinham numa esquina daquele centro comercial, exultando por pertencer à mesma raça em que o Filho de Deus desejou encarnar. O episódio desencadeia um profundo processo interior, parindo-o novamente para aquele mundo de violência e egoísmo – "à imagem do mundo que nasci" – um mundo povoado de injustiças que careciam de uma resposta cristã a todas elas.

As ideias de Merton sobre direção espiritual foram adquirindo consistência quando se tornou professor dos jovens monges professos de Gethsemani (entre 1951 a 1955), e alcançou maturação quando atuou como mestre de noviços (1955 a 1965); portanto, o que aqui se diz parte de alguém forjado na experiência de quem já foi dirigido e diretor.

Com uma vasta correspondência mantida com ilustres personalidades em todo mundo, e já com duas dezenas de livros publicados, Merton escrevia mensalmente artigos para a revista beneditina *Sponsa Regis*. Abordou o tema da direção espiritual entre julho a novembro de 1959, e sobre meditação entre fevereiro a junho do ano seguinte. O livro que tens nas mãos é o conjunto destes textos, consideravelmente expandidos e revisados, e lançado em 1960. Os leitores brasileiros se alegraram, em 1965, com a esmerada tradução de Irmã Maria Emmanuel Souza e Silva, OSB (1912-2002), a qual foi mantida nesta edição.

Na primeira parte do livro, o autor explica os primórdios da direção espiritual, define sua natureza e propósito e descreve o papel de um diretor espiritual. Os padres do deserto, seus precursores, homens separados de tudo e de todos e que buscavam unicamente a Deus, viram-se diante da "necessidade do 'discernimento dos espíritos' – e de um guia espiritual". Merton resgata alguns pontos trazidos pelos padres do deserto acerca da direção espiritual, como sendo um "processo contínuo de formação e orientação, em que o cristão é estimulado e guiado em sua *vocação especial*, de maneira que, pela fiel correspondência às graças do Espírito Santo, possa atingir o escopo particular de sua vocação e união com Deus".

Já na segunda parte da obra, dedicada à meditação, o autor usa de seu talento na escrita e segurança no tema para diferenciá-la do conceito de contemplação, atestando ser a meditação o primeiro passo em um processo de oração mental que termina na contemplação e comunhão com Deus. A afirmação de que a meditação está "quase inteiramente nesta única ideia: despertar o nosso ser interior, sintonizando-nos intimamente com o Espírito Santo, de maneira a correspondermos à Sua graça", nos dá a certeza de que as páginas seguintes possuem rastros bastante pessoais, pois antes de escrever Merton vivenciou cada conceito na intimidade e no silêncio do recolhimento interior.

Antes de encerrar, preciso enaltecer mais esta iniciativa da Editora Vozes por reverberar a voz a Thomas

Merton no Brasil: dos 40 títulos traduzidos em nosso país, metade foram produzidos por aqueles que dão "a vida pelo bom livro". De Petrópolis/RJ também vale destacar e louvar Nosso Senhor pela vida e dedicação de Ir. Maria Emmanuel que, no claustro do Mosteiro da Virgem, tornou-se a principal tradutora de Merton no mundo. Ela, juntamente com Waldecy Gonçalves – a quem devoto meus agradecimentos, são os idealizadores da Sociedade dos Amigos Fraternos de Thomas Merton, hoje Associação Thomas Merton.

E dizer, por fim, que a direção espiritual e a meditação estiveram ao dispor ao longo de nossa história: mediante a paternidade amorosa de nosso muito querido Dom Bernardo Bonowitz, OCSO, Abade Emérito do Mosteiro Trapista de Nossa Senhora do Novo Mundo (Campo do Tenente/PR), pregou os retiros entre 1999 e 2018 que levaram os amigos e amigas de Merton no Brasil à maioridade da fé, ao aprofundamento na espiritualidade contemplativa e à admiração da vida monástica. Encerrados em distintos mosteiros da Ordem Cisterciense da Estrita Observância, Dom Bernardo e Thomas Merton possuem muitas coisas em comum: iniciaram, por exemplo, suas vidas acadêmicas, em décadas diferentes, na Universidade de Columbia (EUA). Ambos amavam os mesmos escritores, são convertidos ao catolicismo, e muitos acorriam a eles para receber uma direção espiritual. As correlações entre os dois monges não param. Que bom poder colher os frutos maduros dessa vinculação.

Que possamos harmonizar o legado deixado por personalidades tão eloquentes, verdadeiros mestres de ontem e de hoje, com o engajamento contra as injustiças deste século; pois não basta beber das fontes, há que se estender "um copo de água fria aos pequeninos" (Mt 10, 42). E que este livro possa ajudar, como dispara logo de cara a *Imitação de Cristo*, a "entregarmo-nos à meditação da vida de Jesus Cristo" e a sermos dóceis na direção que Ele deseja nos apontar.

Cristóvão de Sousa Meneses Júnior
Presidente da Associação Thomas Merton

Prefácio do autor

Este livro contém material consideravelmente aumentado e revisto sobre direção espiritual e meditação, publicado em artigos mensais na revista *Sponsa Regis*. A primeira parte se dirige ao cristão, particularmente aos religiosos e religiosas, que procura um guia espiritual, ou já o possui, e deseja aproveitar ao máximo das vantagens dessa direção. Espera-se, ao mesmo tempo, que alguns padres demasiadamente tímidos para se considerarem "diretores espirituais" em potencial possam, ao ler estas páginas, aprender a dominar sua natural hesitação e, contando com a ajuda de Deus, sentirem-se animados a dar conselhos e estímulo no confessionário, quando se apresentar a oportunidade.

Espera-se, ainda, que algumas ideias demasiadamente rígidas e estereotipadas sobre direção espiritual possam ser parcialmente desfeitas por um dos pontos visados nestas páginas. Trata-se de não considerar o guia espiritual como máquina mágica, apta a resolver casos e problemas, e dotado do poder de declarar qual seja a santa vontade de Deus, sem a menor possibilidade de um apelo em contrário. Espera-se mostrar que o guia espiritual é um amigo em quem se confia que, numa atmosfera de compreensão e simpatia, nos ajuda e fortalece em nossos esforços, nosso tatear, para corresponder à graça do Espírito Santo, que é o único verdadeiro Guia no sentido pleno da palavra.

Damos, também, ênfase ao fato de que a graça constrói sobre a natureza. Aproveitaremos melhor da direção espiritual se formos encorajados a desenvolver nossa simplicidade natural, nossa sinceridade, nossa franqueza e nossa integridade espiritual. Em uma palavra, a sermos "nós próprios" no sentido mais elevado do termo. Assim, a utilização sadia e generalizada desse importante meio de chegar à perfeição auxiliará os cristãos a manter um contato vital com a realidade de sua vocação e de sua vida, em lugar de se perderem num emaranhado de ficções devotas.

A segunda parte do livro é composta de notas sobre a meditação. Foram escritas em 1951 como uma espécie de companheira à brochura *"Que é a Contemplação?"*. Depois de datilografadas, foram postas de lado e esquecidas. Agora vêm à luz, com retoques e correções. Não se pode aprender a meditar por meio de um livro. É preciso simplesmente *meditar*. Mas podemos todos concordar em que algumas sugestões, no momento propício e com as palavras adequadas, serão, talvez, de grande eficácia.

Esperamos que estas páginas possam ajudar alguém que ainda não conseguiu encontrar em outros livros aquilo de que estava necessitando sobre o assunto. É razão suficiente para a sua publicação, supondo não haver nada de radicalmente errado na exposição que damos. Não deveria haver. O assunto é perfeitamente tradicional e conhecido. A única característica particular do tratamento que damos é a ausência de formalidade e a aversão aos sistemas convencionais e rígidos. Não que haja algo de errado nesses sistemas de meditação – e certamente a aversão aos sistemas não deve ser interpretada como repugnância pela disciplina. A disciplina é da maior importância, sem ela meditação alguma séria jamais será possível. Contudo deve ser a *nossa própria* disciplina não uma rotina imposta mecanicamente de fora.

Aqui, pois, estão estas páginas que não pretendem ser completas, perfeitas ou exaustivas. Tocam apenas em alguns pontos importantes que qualquer pessoa precisa compreender antes de poder meditar realmente bem.

Em nenhum lugar dessas notas insisti em que a meditação fosse importante, e em lugar algum procurei impingir a alguém a ideia de meditar. Isso porque são coisas consideradas normais. Este livro não se destina a pessoas que não desejam meditar. É para os que já se acham interessados e gostam de meditar diariamente.

O fator *desejo* é, evidentemente, de extrema importância. Uma das razões principais de não chegarem as pessoas que se consagram diariamente à meditação a algo de positivo é que a ela se entregam sem grande entusiasmo, sem interesse sério. É evidente que, não possuindo alguém o desejo real de meditar, não terá êxito algum. Pois aqui, antes de mais nada, o trabalho tem de ser feito por nós mesmos, ajudados pela graça de Deus. Nenhuma outra pessoa nos pode substituir nesse assunto.

Abadia de Getsêmani
Outono, 1959

* * *

DIREÇÃO ESPIRITUAL

1. Sentido e fim da direção espiritual

O sentido primitivo da direção espiritual, seu significado desde as origens, supõe uma necessidade particular ligada a uma tarefa ascética especial, uma vocação específica para a qual se requer formação profissional. Em outras palavras, a direção espiritual é um conceito monástico. É algo que se tornou necessário quando os cristãos se retiraram do convívio da comunidade cristã para viverem como solitários nos desertos. Para um membro qualquer da primitiva comunidade cristã, a necessidade de uma direção espiritual pessoal particular, no sentido profissional, não se fazia sentir. O bispo, representante vivo e visível do apóstolo que havia fundado a Igreja do lugar, falava em nome de Cristo e dos apóstolos e, auxiliado pelos presbíteros, cuidava de todas as necessidades espirituais do rebanho a ele confiado. Cada membro da comunidade cristã era "formado" e "guiado" pela participação da vida da comunidade, e a instrução requerida era administrada em primeiro lugar pelo bispo e seus presbíteros e, além disso, pelas exortações – sem nenhuma formalidade – dos parentes, esposos, amigos e companheiros dos cristãos.

Quando, porém, os primeiros solitários se retiraram para os desertos, eles se separaram da comunidade cristã. Sua ida para o ermo era aprovada e, de certo modo, consagrada pelo próprio bispo Santo Atanásio, em breve imitado por muitos outros. Mas levavam vida solitária e cercada de perigos, longe de qualquer igreja, participando raramente até mesmo do mistério Eucarístico. Entretanto, haviam escolhido o deserto para procurar a Cristo. Como Cristo, haviam sido "levados ao deserto para serem tentados". E, como o próprio Senhor Jesus, seriam tentados pelo maligno. Daí a necessidade do "discernimento dos espíritos" – e de um guia espiritual.

Após longos séculos, volvemos o olhar para os padres do deserto e interpretamos sua vocação à luz da nossa. Afinal, foram eles os "primeiros religiosos". E não vemos como sua vida fosse, sob tantos aspectos, diferente da nossa. Em todo caso, a escolha deliberada de separação da vida normal e visível da Igreja foi uma aventura espiritual muito arriscada, um gênero de inovação que, hoje em dia, seria considerada, por muitos, fora de propósito. Nessa aventura, certas medidas de segurança eram absolutamente necessárias, sendo a mais essencial e importante a formação e direção do noviço por um "pai espiritual". Nesse caso, o pai espiritual substituía o bispo e o presbítero como representante de Cristo. Contudo havia uma diferença, pois nada de hierárquico existia nessa função. Era pura e simplesmente carismática. Era sancionada pela santidade pessoal do pai espiritual. Os maiores "abades", nos desertos do Egito e da Síria, não eram, geralmente, sacerdotes.

Os *Apothegmata* ou "Declarações dos Padres" são um testemunho eloquente da simplicidade e profundeza dessa direção espiritual. Frequentemente, os discípulos vinham de grandes distâncias, através do deserto, só para ouvir uma curta palavra de conselho, uma "palavra de salvação" que resumia os desígnios e a vontade de Deus para eles, na situação concreta em que se encontravam. O impacto dessas "palavras" residia, não tanto em seu conteúdo simples, como na ação interior do Espírito Santo que as acompanhava, na alma do ouvinte. Isso pressupõe, é claro, fé ardente e uma fome intensa da palavra de Deus e da salvação. Esse apetite espiritual, essa necessidade de luz, haviam sido, por sua vez, gerados pela tribulação. A "direção" era, pois, a resposta de Deus a uma necessidade criada na alma pela provação e pela compunção, e comunicada por um representante carismático do Corpo Místico, o *Abbas,* ou Pai espiritual.

Isso nos leva à raiz do sentido da direção espiritual. É um processo contínuo de formação e orientação, em que o cristão é estimulado e guiado em sua *vocação especial,* de maneira que, pela fiel correspondência às graças do Espírito Santo, possa atingir o escopo particular de sua vocação e a união com Deus. Essa união com Deus significa não só a visão de Deus no céu, mas, como nota Cassiano, aquela perfeita pureza de coração que, mesmo aqui na terra, constitui a santidade e atinge uma experiência obscura das coisas celestes. A direção espiritual era, portanto, um dos meios essenciais da perfeição monástica.

Essa descrição da direção espiritual põe em relevo algumas diferenças importantes existentes entre direção e conselhos ou direção e psicoterapia. A direção espiritual não é apenas o efeito cumulativo de exortações e admoestações de que todos nós necessitamos de maneira a vivermos à altura de nosso estado de vida. Não é apenas uma orientação ética social, ou psicológica. É, sim, *espiritual.*

Mas é-nos importante compreender aqui o sentido dessa palavra "espiritual". Há uma tendência a pensar que a direção espiritual está na orientação das atividades espirituais da pessoa, consideradas como pequena parte ou setor da vida. Procura-se um diretor espiritual para que ele cuide do espírito, do mesmo modo que se procura um dentista para que cuide dos dentes ou um cabeleireiro para um corte de cabelos.

Isso é completamente falso. O guia espiritual está interessado no *conjunto todo da pessoa,* pois a vida espiritual não é apenas a vida do espírito ou das afeições ou do "ápice da alma" – é a vida toda da pessoa toda. Pois o homem espiritual *(pneumátikos)* é alguém cuja vida toda, em seus diversos aspectos e em suas atividades variadas, foi espiritualizada pela ação do Espírito Santo, seja através dos sacramentos ou por inspirações interiores pessoais. Além disso, a direção espiritual está interessada na totalidade da pessoa, não como uma simples criatura humana, mas como filho de Deus, um outro Cristo que procura recuperar a semelhança divina em Cristo, e pelo seu Espírito.

O homem espiritual é alguém que, "quer coma, quer beba, quer se ocupe de qualquer outra coisa, tudo faz para a glória de Deus" (1Cor 10,31). Ora, não quer isso dizer, de modo algum, que ele apenas registre no espírito uma intenção abstrata de glorificar a Deus. Significa que, em todos os seus atos, está livre do automatismo superficial, de convencionalismo rotineiro. Significa que, em tudo que faz, age livremente, com simplicidade, espontaneidade, das profundezas de seu coração, movido pelo amor.

Originariamente, como dissemos, o conceito de "pai espiritual" está ligado à ideia de uma vocação especial e a riscos de natureza muito particular. Entretanto, em toda a história do monaquismo, observamos que o monge tende a se tornar, em certos casos, um pai espiritual para todos os que a ele recorrem, e a dar conselhos a respeito de tudo. Isso era muito comum, por exemplo, entre os irmãos conversos cistercienses do século XII, na Inglaterra. Alguns obtiveram grande celebridade por sua habilidade em ler o que se passava nas almas e em guiá-las. Talvez houvesse um elemento tolo nessa mania popular, a mesma credulidade que levava tanta gente a procurar as ermitãs e reclusas, emparedadas perto das igrejas das aldeias, que embora bem piedosas, sem dúvida, eram geralmente conhecidas por tagarelas e novidadeiras. Não devemos, contudo, julgar essas manifestações de piedade popular com demasiada severidade. Não há dúvida que, no passado, tem o Senhor tocado as almas assim dessa maneira eficaz. Não devemos cometer o erro de pensar que a direção espiritual é um luxo reservado a uma elite privilegiada. Pois, se, como disse Eric Gill, "todo homem é uma espécie de artista", é talvez verdade que todo homem possui uma vocação especial, e mesmo arriscada, a de completar a suprema obra de arte que é a sua própria santificação. Daí a declaração pertinaz do *Staretz* russo ao ser criticado por perder tempo aconselhando seriamente uma velha camponesa a respeito do cuidado a ter com seus perus: "nada disso, *toda* a vida dela está nesses perus", disse ele. A direção espiritual, portanto, tem a ver com o homem todo, nas circunstâncias concretas de sua vida, por mais simples que sejam. Não se trata de discutir os méritos relativos da disciplina e do cilício, ou de determinar se já se atingiu ou não a "oração de quietude".

Todo o escopo da direção espiritual consiste em penetrar na zona situada abaixo da superfície da vida do homem, de se colocar por trás da fachada dos gestos convencionais e das atitudes que ele apresenta ao mundo e de fazer sobressair a sua liberdade interior, a verdade mais íntima que está nele, que é o que chamamos a semelhança de Cristo no recesso da alma. Ora, isso é coisa inteiramente sobrenatural, pois a tarefa de salvar do automatismo o homem interior pertence, em primeiro lugar, ao Espírito Santo. O guia espiritual não pode fazer, ele mesmo, esse trabalho; sua função está em verificar e estimular o que é realmente espiritual na alma. Deve ensinar aos outros a "discernir" entre as tendências boas e más, a distinguir as inspirações do espírito do mal das do Espírito Santo. O guia espiritual é, portanto, alguém que ajuda a outrem a reconhecer e seguir as inspirações da graça em sua vida, a fim de chegar ao termo a que Deus o conduz. E isso, como já dissemos, originariamente pressupunha uma vocação especial. Um guia espiritual era necessário sobretudo a alguém chamado por Deus a procurá-lo num caminho fora da rota comum e perigoso. Não se deve esquecer que, nos tempos primitivos, o guia espiritual era muito mais do que atualmente aquilo que seu nome significa. Era um pai espiritual que "gerava" a vida perfeita na alma de seu discípulo. Antes de mais nada, por suas instruções, mas também pela oração, a santidade e o exemplo. Era ele para o discípulo uma espécie de "sacramento" da presença do Senhor na comunidade eclesiástica.

Nos mais remotos dias do monaquismo cristão, o pai espiritual atuava muito mais do que pelo simples instruir e aconselhar. O neófito morava na mesma cela que o mestre, imitava em tudo o que o via fazer. Abria-se ao pai sobre "todos os pensamentos que lhe vinham ao coração" e, na mesma hora, era-lhe dito como devia reagir. Dessa maneira, aprendia tudo que diz respeito à vida espiritual, de modo concreto e experimental. Absorvia, literalmente, em sua própria vida e reproduzia a vida e o espírito de seu "pai em Cristo".

O mesmo conceito de paternidade espiritual persiste, hoje em dia, na Ásia. No Yoga, por exemplo, onde as difíceis e complexas disciplinas só podem ser proveitosamente aprendidas com um *guru,* considerado, não só como um especialista desse ramo profissional, mas ainda um representante e instrumento de Deus. A literatura russa do século XIX nos faz conhecer personagens notáveis como guias espirituais: os *starzi,* santos monges que exerceram grande influência na vida de seu tempo, não apenas sobre a gente humilde e pobre, como acabamos de ver, mas igualmente entre os intelectuais.

É importante recobrarmos a ideia da direção espiritual em toda a sua inteireza, salvando-a do conceito empobrecido em que caiu – segundo o qual, o guia é meramente alguém a quem recorremos para soluções quase infalíveis em "casos" morais e ascéticos. Se é essa a função que atribuímos ao guia espiritual, veremos que nossa compreensão de sua atuação será pervertida por uma espécie de mágico e pragmático convencionalismo. O "diretor" é tido por alguém dotado de autoridade particular, quase miraculosa, e tem poder para dar a "fórmula certa" quando lhe é solicitada. É considerado como uma máquina para emitir respostas que produzirão efeito, que solucionarão dificuldades e nos tornarão perfeitos. Tem um "sistema", ou melhor, tornou-se especialista no manejo de sistemas de outros – que, aprovado pela Igreja, crê-se devotamente ser infalível em qualquer caso, seja qual for a maneira de sua aplicação, mesmo se utilizado arbitrariamente com o mais completo desprezo pelas circunstâncias individuais. Uma direção espiritual assim é mecânica e tende a frustrar totalmente seu verdadeiro escopo, que é uma autêntica orientação espiritual. Tende a reforçar os mecanismos e a rotina de que se utiliza a alma para destruir a capacidade própria que possui uma correspondência espontânea à graça.

A primeira coisa que uma direção espiritual genuína requer para ter êxito é um sistema normal, espontâneo, de relações humanas. Não devemos supor não ser "nada sobrenatural" abrir-nos com facilidade a um guia espiritual e com ele conversar numa atmosfera de simples e agradável cordialidade, num ambiente de simpatia. Isso ajuda o trabalho da graça; mais um exemplo da graça que constrói sobre a natureza.

É um paradoxo que aqueles que são os mais rigidamente "sobrenaturais" quanto à teoria da vida espiritual, na prática são, por vezes, os mais "naturais". Imaginar que a fé só pode operar numa situação humanamente repugnante, e que as decisões "sobrenaturais" são somente as que ao penitente causam revolta ou cuja prática é quase impossível, é frustrar todo o fim a que se propõe a direção espiritual.

Alguns guias espirituais, sob pretexto de agir inteiramente de acordo com "princípios sobrenaturais", se mostram tirânicos e arbitrários. Permitem-se ignorar ou não dar atenção às necessidades individuais e às fraquezas de seus penitentes. Possuem respostas padronizadas, "receitas amargas" que não admitem exceção nem mitigação e são sempre as mesmas, não importa quanto o caso possa ter sido alterado pelas circunstâncias. Dessa maneira, se satisfazem gozando secretamente da liberdade que dão aos seus instintos de agressividade.

É claro, devemos estar preparados para ouvir coisas que nos são penosas e devemos admitir exigências que nos podem custar extremamente. Devemos estar prontos para o sacrifício.

Um bom guia espiritual não hesitará em impor um sacrifício quando acreditar ser essa a vontade de Deus. Mas o mal é que um certo tipo de espiritualidade é arbitrário e insensível, deliberadamente.

Adota como axioma básico da vida espiritual que toda alma precisa ser humilhada, frustrada, esmagada; que todas as aspirações espirituais são suspeitas pelo simples fato de serem espontâneas. E todo indivíduo tem de ser rebaixado e a alma levada a um estado de absoluta e mecânica conformidade aos outros, e reduzida à mesma fantástica situação.

O resultado disso é uma procissão de autômatos*, "almas vítimas" a se moverem sem naturalidade, de exercício a exercício, na vida espiritual, odiando secretamente tudo isso e orando para obter uma morte prematura, enquanto tudo "oferecem" de maneira a que não seja perdido... Evidentemente, é preferível não ter nenhuma direção espiritual a ter de se submeter a uma "direção" desse gênero, pois é a ruína da vida religiosa de uma pessoa.

---

* No original "robot".

O místico beneditino inglês do século XVII Dom Augustine Baker teve de lutar com firmeza pela liberdade interior das almas contemplativas, numa época saturada de "diretores" espirituais autocráticos. Tem ele o seguinte a dizer sobre o assunto: "O guia espiritual não tem a ensinar o seu próprio caminho, nem mesmo meio algum determinado de oração, e sim deve instruir seus discípulos no modo como têm eles mesmos de descobrir o caminho que lhes convém... Em uma palavra, é apenas o introdutor de Deus junto às almas e deve guiá-las nos caminhos de Deus e não nos dele mesmo".

2. É a direção espiritual necessária?

A resposta a essa pergunta já foi preparada pelos primeiros parágrafos deste estudo. Falando rigorosamente, a direção espiritual não é necessária para o cristão ordinário. Mas, sempre que há uma *missão ou vocação especial,* um mínimo de direção espiritual é pressuposto, e isso pela própria natureza da vocação. Vamos tornar esse ponto mais claro.

Primeiramente consideremos, sem nos alongarmos, o papel da direção espiritual na vida do leigo comum. Rigorosamente falando, os contatos ordinários dos fiéis com o seu pároco e seu confessor são suficientes para receberem seus problemas os devidos cuidados. Isso evidentemente supõe sejam eles conhecidos pelo pároco e que tenham um confessor regular.

Em toda paróquia numerosa em que os contactos com o pároco são mínimos, ou mesmo não existem, todos deveriam, então, ter um confessor regular de quem sejam conhecidos, embora esse confessor não seja explicitamente um "guia espiritual". A razão disso está em encerrar a própria confissão um mínimo de direção espiritual. O confessor está obrigado a instruir e dirigir o penitente, ao menos na medida em que for necessário para a recepção frutuosa do sacramento da penitência. Quando, todavia, alguém comete, habitualmente, pecados graves, conselhos e instrução especial são certamente necessários para que o penitente tome medidas eficazes de evitar o pecado. Se ele não estiver preparado para evitar esses pecados, poder-se-á dizer que está recebendo com fruto o sacramento?

Portanto, mesmo a confissão ordinária deve oferecer *uma certa dose de direção espiritual.* É bem de lamentar que alguns padres, muito ocupados, se tenham esquecido ou negligenciem essa obrigação; em alguns casos, porém, é moralmente impossível realizá-la.

Contudo, essa espécie de direção, inseparável do sacramento da penitência, não é o que visamos ao tratar da direção espiritual no presente estudo. Não penetra em profundidade, não visa à orientação integral da vida, pois não tem em vista uma vocação ascética ou uma missão apostólica.

Poder-se-ia supor que, não estando o leigo num "estado de perfeição", não precisa dessa espécie de direção. É certo, entretanto, que todas as vezes que o leigo tem uma tarefa própria a desempenhar na Igreja, ou se acha numa situação com problemas particulares, deveria sem dúvida ter um guia espiritual. Os militantes da ação católica, por exemplo, os estudantes de escolas superiores, os que exercem profissões ou os casais que se preparam para o matrimônio, necessitam de certa direção espiritual.

Isso para os leigos. Quanto aos religiosos e religiosas, a direção espiritual é coisa muito mais séria. Parece que, para esses, a direção espiritual é moralmente necessária.

Quem abraça livremente certos meios particulares para alcançar a união com Deus necessita, é claro, de receber uma formação especial. Precisa aprender qual o sentido de sua vocação, seu espírito, seus ideais, os problemas que lhes são característicos.

Significa isso algo de muito mais profundo do que uma simples formação exterior: aprender a observar as regras, como praticar os vários usos e as observâncias da vida comum. Desde o momento em que se entra para uma vida estritamente institucionalizada, em que tudo está regulado até o mínimo pormenor, a direção espiritual pessoal e íntima se torna moralmente uma *salvaguarda necessária contra a deformação*. É falso imaginar que a mera observação externa das regras de uma comunidade religiosa é suficiente para formar interiormente o noviço ou a noviça e dar-lhes a orientação espiritual certa, exigida por seu novo estado de vida. Se as regras e observâncias não forem explicadas, em direção espiritual e contato pessoal, se não forem aplicadas em circunstâncias concretas da vida do indivíduo, produzirão infalivelmente um espírito de rotina, onde não há vida nem compreensão. Sem uma direção espiritual realmente interior e sensível às necessidades do indivíduo, durante o período cruciante de formação, o jovem religioso – ou a jovem religiosa – terá muita probabilidade de ser colocado em situação delicada e, na realidade, toda a sua vida poderá se transformar numa caricatura da perfeição, sem sentido algum.

A felicidade na vida religiosa depende, na verdade, de uma sábia direção, especialmente durante o período de formação. Evidentemente, pode um religioso "salvar-se" sem um bom diretor espiritual. Não é essa a questão. O ponto visado é o seguinte: poderá ele levar vida espiritual fecunda, feliz, inteligente? Sem, ao menos, uma certa dose de direção espiritual, isso é quase impossível. Mas, é claro, a direção de um padre, um teólogo ou um especialista não é, necessariamente, indicada aqui. No caso de religiosas, uma sábia superiora, ou uma boa mestra de noviças, deveria ser capaz de administrar uma certa direção espiritual no sentido em que falamos.

Mesmo após o período de formação, os religiosos professos precisam de direção. Em alguns casos, os problemas mais sérios só se apresentam depois de feita a profissão. É então que a direção espiritual se torna, em certas circunstâncias, mais necessária do que nunca. É muito importante que todos os recém-professos possam gozar na vida religiosa, se possível, de uma direção espiritual bastante contínua, não, porém, necessariamente frequente. O que é sobretudo desejável é a íntima direção de alguém que os conheça e compreenda, numa atmosfera de simplicidade e confiança, sem formalidades, o que talvez não seja fácil obter junto de um superior. Os que têm vários anos de experiência de vida religiosa são, provavelmente, capazes de se dirigir – mas até esses necessitam, às vezes, de consultar um sábio guia espiritual. Nenhum religioso deve presumir que se possa dispensar inteiramente, em qualquer tempo, de direção espiritual.

É de notar que de modo algum asseguramos haver a mesma necessidade de direção espiritual para todos os religiosos. Aos mais jovens fará maior falta do que aos mais velhos; entretanto, em realidade, *tudo depende de cada caso individual*. De modo geral, todavia, podemos dizer que um religioso maduro deverá, normalmente, ser capaz de se dirigir a si mesmo. Não há dúvida que alguém em posição de responsabilidade ou desempenhando um ofício difícil verá como lhe cabe tomar muitas decisões pelas quais só ele terá que responder diante de Deus. Terá mesmo, talvez, de solucionar problemas impossíveis de submeter ao juízo de qualquer criatura humana. Isso o coloca numa solidão realmente terrível.

Alguns religiosos e padres se enchem de pavor simplesmente com o pensamento de tais decisões a tomar. Contudo, é um erro. Não devemos fugir à responsabilidade e não devemos fazer da direção espiritual um fetiche e, embora clérigos responsáveis, recusarmos mover-nos um centímetro se não nos colocarmos "sob a santa obediência" – em outras palavras, sem que alguém tome a responsabilidade por nós... Nem é preciso dizê-lo, o conceito de que devemos "obedecer" em tudo ao guia espiritual é outro erro que será explanado mais adiante. O religioso normal deve desenvolver em si a virtude de prudência, em harmonia com sua formação, e saber guiar-se quando não pode ou não sente necessidade de se guiar por um outro. Isso implica *confiança em Deus* e um sincero abandono ao *Espírito Santo* com quem, a cada instante, podemos contar para receber a luz do divino Conselho, contanto que sejamos religiosos conscienciosos e nos esforcemos por ter vida de oração.

Não será preciso acrescentar que, com o tempo, a direção espiritual se tornou uma função especial separada da função de superior, e até mesmo da de confessor. No monaquismo primitivo organizado, o Abade era, ao mesmo tempo, não só o superior canônico dos monges, mas também seu guia espiritual e confessor. Na época atual, é proibido ao superior ouvir em confissão seus religiosos, salvo em alguns casos raros. Pode, entretanto, ser o guia ou diretor espiritual deles. Muitas vezes, a direção espiritual é separada da confissão e recebida de um sacerdote especialmente idôneo, em raras ocasiões. Nos tempos que correm, felizes são os que conseguem encontrar alguém capaz de "guiá-los" quando se encontram sobrecarregados de problemas acumulados. O ideal seria ter cada qual um pai a quem ele ou ela pudesse recorrer para receber, regularmente, direção espiritual. Os superiores deverão mostrar-se sempre prontos para conceder a licença de escrever e enviar cartas de consciência a um diretor idôneo. O código de direito canônico garante a facilidade de recorrer a qualquer confessor possuidor das faculdades necessárias.

Todavia, não é fácil encontrar diretores espirituais, mesmo na vida religiosa. Mesmo onde há vários sacerdotes à mão, não quer isso dizer que todos sejam aptos para a direção espiritual, ou sejam bons "guias".

A raridade de diretores espirituais, realmente bons, para religiosos e religiosas, pode, talvez, explicar a magnitude, a gravidade dos problemas em certas comunidades. Acontece que religiosos ou religiosas não recebem formação adequada. São, contudo, recebidos à profissão com consequências desastrosas. Após a profissão, os efeitos de um bom noviciado podem evaporar-se por falta de um guia capaz de continuar o trabalho que fora bem iniciado. Sem dúvida, muitas perdas de vocação poderiam ter sido impedidas se tivesse havido uma direção espiritual realmente firme e sólida nos primeiros anos após o noviciado.

Os que estão bem preparados possuem conhecimentos aprofundados e podem partilhar seu conhecimento e sua fortaleza com outros, recebem, nessa troca, luzes de valor inestimável para a sua própria vida religiosa. Contudo, mesmo para um superior, um encontro num momento oportuno com um bom guia poderá resolver muito problema aparentemente sem solução e abrir os olhos a perigos insuspeitados, prevenindo, assim, uma catástrofe.

Em toda ocasião, a direção espiritual é do maior valor para um religioso ou uma religiosa. Ainda que possa não ser estritamente necessária, será sempre de grande utilidade. Em muitos casos, a ausência de direção espiritual poderá significar a diferença entre a santidade e a mediocridade na vida religiosa. É claro que, havendo alguém procurado uma boa direção espiritual e não a havendo encontrado, não será tido por responsável dessa lacuna. O próprio Deus proverá, dando à alma o que lhe falta, por meio de Sua Providência.

Dissemos, acima, que os bons diretores são raros. Isso é, de fato, matéria importante. Se realmente desejamos bons guias espirituais para as nossas comunidades e para outros, procuremo-los. Podemos, ao menos, rezar por essa intenção! Nos últimos dez anos, tem havido um aumento espantoso quanto à publicação de livros de espiritualidade e de estudos sobre a vida espiritual. Veio esse surto num momento em que os fiéis o desejavam e lhe sentiam a necessidade. Se tomarmos consciência de que há, não só necessidade de diretores espirituais, mas também uma fome muito real disto, da parte dos religiosos e religiosas, em breve os guias espirituais tornar-se-ão mais numerosos, pois Deus os enviará. Suscitará padres que terão o desejo de se entregar a essa tarefa especial, apesar das dificuldades e dos sacrifícios inerentes.

Há, contudo, sempre o perigo de que o sacerdote desejoso e possuindo as qualidades necessárias para guiar as almas esteja sobrecarregado devido aos apelos para os serviços que pode prestar. Seu primeiro dever, se quer ser um guia eficaz, é zelar pela sua própria vida interior e se reservar o tempo devido à oração e meditação, desde que jamais poderá dar a outros o que ele mesmo não possui.

3. Como aproveitar da direção espiritual

Pondo de lado esse problema urgente, suponhamos ter alguém encontrado um guia espiritual. Como aproveitar ao máximo essa graça? Em primeiro lugar, os que gozam regularmente de direção espiritual devem ter consciência de que isso é um dom de Deus e, ainda que possam não estar plenamente satisfeitos, devem humildemente reconhecer e apreciar o fato de que têm alguma direção. Isso os capacitará a aproveitar o que possuem e reconhecerão, talvez, sobrenaturalmente, que estão em situação bem melhor do que julgavam. A gratidão torná-los-á mais atentos à direção que recebem, sintonizando-lhes a fé em harmonia com oportunidades a que não haviam dado importância. Mesmo não sendo o seu guia espiritual um outro São Bento ou São João da Cruz, poderão chegar a compreender que ele lhes fala em nome de Cristo e age em sua vida como instrumento d'Ele.

Normalmente, que temos o direito de esperar da direção espiritual? É certamente um grande auxílio; não devemos, entretanto, esperar que opere maravilhas. Algumas pessoas, especialmente algumas pessoas religiosas, que deveriam ter mais juízo, parecem pensar ser-lhes possível encontrar um guia espiritual que, com uma só palavra, faça desaparecer todos os seus problemas. Esses não procuram um guia, mas sim um milagreiro. Em realidade, muitas vezes queremos contar com pessoas que resolvam problemas que nós mesmos deveríamos ser capazes de resolver. Isso, não tanto por nossa própria sabedoria, mas pela generosidade em enfrentar fatos e obrigações que, para nós, representam a vontade de Deus. Contudo, a natureza humana é fraca e o apoio compreensivo, bem como os sábios conselhos de alguém em quem confiamos, nos ajuda a *aceitar* com maior perfeição o que já sabemos e vemos de modo obscuro. Um guia espiritual pode muito bem não nos dizer nada que já não saibamos; todavia, é grande coisa se ele nos auxilia a vencer nossas hesitações e robustece a nossa generosidade no serviço do Senhor. Entretanto, em muitos casos, um guia espiritual poderá nos revelar coisas que até então não havíamos conseguido descobrir, embora fossem patentes. Isso é também grande graça, pela qual devemos ser gratos.

Há algo que um bom guia espiritual não fará: não poderá conseguir com um simples gesto da mão, fazer com que nossas mal definidas e mal conscientes veleidades de perfeição se tornem uma realidade. Não conseguirá fazer-nos obter as coisas que "desejaríamos" ter, pois a vida espiritual não é questão de "desejar" ser perfeito. Demasiadas vezes, há quem pense que para transformarem aquilo que "desejam" em "vontade de Deus", basta conseguir que o guia espiritual o confirme. Infelizmente, essa espécie de alquimia não dá resultado, e quem procura pô-la em prática será certamente decepcionado.

Muitas vezes, acontece, em realidade, que as chamadas "almas piedosas" consideram sua "vida espiritual" com uma seriedade errada. Devemos, de certo, ter seriedade na procura de Deus – coisa alguma é mais séria do que isso. Mas não devemos estar continuamente observando nossos esforços em matéria de progresso, nem dar exagerada atenção à "nossa vida espiritual". Algumas das pessoas que lamentam não encontrar um guia possuem, em verdade, todas as oportunidades para a direção espiritual de que de fato necessitam, mas não estão satisfeitas com o diretor que têm porque ele não lisonjeia a estima que elas têm de si mesmas, nem alimenta as ilusões que nutrem a seu próprio respeito. Em outras palavras, querem um guia espiritual que confirme suas esperanças em relação à satisfação que encontram em si mesmas e em suas virtudes, e não alguém que as despoje do amor próprio e lhes ensine a se libertarem da preocupação consigo mesmas e de seus mesquinhos interesses, a fim de se darem a Deus e à Igreja.

Não quer isso dizer que tudo que passa por direção espiritual seja realmente o que deve ser. Ao contrário, muitas vezes a "direção" administrada após a confissão nada mais é do que curta e impessoal homília, distribuída a cada penitente, individualmente. Poderá esta estar certa do ponto de vista da doutrina e, como sermão, perfeitamente em ordem. Mas a "direção" espiritual é, por sua própria natureza, algo de *pessoal*. É absolutamente óbvio que uma religiosa ciente de que está recebendo exatamente a mesma exortação, vaga e geral, repetida às vinte irmãs que a precederam em confissão, não terá a impressão de que está recebendo direção espiritual. É claro que não está.

Mesmo assim, deve esforçar-se por tirar partido da situação. Se for bastante humilde para aceitar *ao menos isso,* descobrirá que o Senhor tem para ela, assim mesmo, Sua mensagem, e essa mensagem será pessoal.

Por outro lado, um sacerdote que gostasse de administrar alguma direção referente a um caso individual por vezes não consegue fazê-lo porque o penitente não manifestou com suficiente clareza o estado de sua consciência.

4. Manifestação da consciência e direção

A manifestação da consciência, que é *absolutamente necessária* em direção espiritual, é algo separado da confissão sacramental dos pecados. Em concreto, nossos problemas reais não estão, por vezes, intimamente ligados aos atos pecaminosos que submetemos ao poder das chaves. Ou, se o estão, a simples confissão dos pecados em nada contribui para tornar essa relação aparente.

Geralmente, o pecado se apresenta ao confessor como algo de impessoal – gênero e espécie são os mesmos em toda gente. Por conseguinte, o melhor que ele pode fazer é responder por conselhos mais ou menos gerais e que valem para todos. Poderá o conselho ser bom em si mesmo e em perfeita concordância com a teologia moral; todavia, não alcançará a raiz do problema pessoal, concreto na alma do penitente.

Os que jamais refletiram em distinguir a confissão da direção espiritual, chegado o momento de ter um guia, não saberão aproveitar as vantagens dessa situação, porque ignoram como manifestar a consciência.

Isso acontece, talvez, porque possuem eles uma ideia vaga e técnica de direção espiritual – algo no gênero do que esboçamos e, quem sabe, caricaturamos no precedente capítulo. A direção espiritual, para esses, consiste num sistema estranho, eficiente, mágico. Chega-se, segundo estes, ao guia com problemas ascéticos complexos e ele os resolve com resoluções técnicas apropriadas. Daí a tentação de tudo falsificar desde o início, apresentando-se com um "problema interessante", ou um "caso novo" só para mostrar como se é importante e diferente. Pode isso acontecer. Em geral, porém, somos tão pouco imaginativos que não conseguimos, de modo algum, nem fabricar esse gênero de material, e ficamos desanimados. Evidentemente, tudo isso é muito tolo.

Se queremos aproveitar as vantagens da direção espiritual temos de evitar, de um lado, a inércia e passividade – nada absolutamente dizendo e esperando que o guia "mágico" leia em nossas mentes e aplique o bálsamo espiritual – e, de outro lado, não devemos falsificar nem dramatizar a situação criando problemas "fictícios".

O que devemos fazer é pôr o guia em contacto com o nosso "eu" verdadeiro, do melhor modo que pudermos, sem ter medo de deixá-lo ver o que é falso em nosso ser falso.

Ora, isso implica imediatamente uma atitude humilde, dilatada, em que nos *largamos,* renunciando a nossos esforços inconscientes por manter uma fachada. Temos de deixar o guia espiritual ver o que realmente pensamos, aquilo que na verdade sentimos e de fato desejamos, mesmo quando essas coisas não são de todo louváveis. Devemos ser, tanto quanto possível, muito francos em relação aos motivos que nos fazem agir. O simples esforço em confessar como não somos tão zelosos ou pouco egoístas quanto fingimos ser, é fonte de graças. Portanto, devemos entregar-nos à direção espiritual com um sentimento de humildade e compunção, prontos a manifestar coisas de que não nos podemos orgulhar! Isso significa termos de abandonar toda agressividade quando se trata de nós mesmos e nos libertarmos do instinto de autodefesa e autojustificação, que é o maior obstáculo à graça em nossas relações com nosso guia espiritual.

A manifestação da consciência, numa direção espiritual normal, supõe atmosfera de calma, sem nada de apressado, uma conversa amiga, sincera, sem formalidades, na base da intimidade pessoal.

O guia espiritual é alguém que conhece o penitente e tem para com ele uma atitude compreensiva, sabe desculpar, está a par da situação e das circunstâncias; não tem pressa, espera, humilde e pacientemente, as indicações da ação de Deus na alma. Não está preocupado apenas com esse ou aquele pecado, mas com a vida toda da alma. Não se acha interessado somente por nossas ações. Está muito mais interessado nas atitudes básicas de nossa alma, nossas mais íntimas aspirações, nossa maneira de enfrentar as dificuldades, nossa maneira de reagir em face do bem ou do mal. Em uma palavra, o que interessa ao guia espiritual é o nosso próprio "eu", nosso ser, com tudo que constitui aquilo que lhe é próprio, a miséria digna de comiseração e a espantosa grandeza.

Um verdadeiro guia espiritual jamais deixará diminuir em seu íntimo o sentimento de reverência em presença de uma pessoa, de uma alma imortal, amada por Cristo, purificada em Seu Precioso Sangue, nutrida pelo sacramento do Seu Amor. Em realidade, é esse sentimento de respeito pelo mistério da personalidade que faz de alguém um verdadeiro guia espiritual, juntamente com o bom senso, o dom da oração, a paciência, a experiência e uma atitude de compreensão.

É claro, como faz ressaltar Santa Teresa, deve ele ser um teólogo. Todavia, dose alguma de estudos teológicos pode dar a alguém o discernimento espiritual, se lhe falta o senso do respeito pelas almas naquilo que lhes é próprio e individual. Isso é um dom que vem da humildade e do amor.

A manifestação da consciência, no sentido profundo da palavra, é, muitas vezes, bem difícil. Pode mesmo ser mais difícil até do que a confissão de pecados. Sentimos uma inexprimível vergonha, uma confusão, em escancarar as mais íntimas profundezas de nossa alma, mesmo quando nada há ali para nos envergonhar.

Na verdade, é frequentemente mais difícil manifestar o bem que há em nós do que o mal. Mas é precisamente aqui que está o sentido da direção espiritual. Temos de ser capazes de pôr às claras as secretas aspirações que acalentamos em nosso coração, coisa difícil, por serem o amado refúgio para onde podemos escapar fugindo à realidade. Devemos ser capazes de expô-las inteiramente, mesmo sabendo que, manifestando-as, corremos o risco de considerá-las numa outra luz – em que perdem o mistério e a magia em que as envolvemos. O guia espiritual tem de saber o que, na realidade, queremos, pois só então poderá saber o que em realidade somos.

O problema está muitas vezes em não sabermos o que, de fato, queremos. Isso nos leva a abordar um assunto importante, mas muito delicado: a atitude dos religiosos e dos cristãos, em geral, para com *a vontade de Deus*.

Frequentemente, um conceito demasiadamente legalista da vontade de Deus nos leva a uma falsificação hipócrita da vida interior. Não pensamos nós, inconscientemente, que Deus é um duro legislador que não se interessa por nossos pensamentos e pelos desejos de nossos corações, mas que procura, unicamente, impor-nos de modo arbitrário os ditames de seus planos inescrutáveis e predeterminados? Contudo, como nos diz São Paulo, somos chamados a *colaborar* com o Senhor. "Somos os coadjutores de Deus" (1Cor 3,9). Como filhos de Deus, somos chamados a nos servirmos da liberdade que temos, a fim de *auxiliar a Deus a criar em nossa alma Sua semelhança*. E, é claro, colaboramos com Ele, também, na tarefa de estabelecer Seu reino no mundo. Nesta obra de colaboração, não somos meros instrumentos mecânicos e passivos. Nossa liberdade, nosso amor, nossa contribuição espontânea ao trabalho de Deus é o mais escolhido e precioso efeito de sua graça. Frustrar essa participação ativa na obra do Senhor *é frustrar o que é mais caro à Sua vontade*.

Isso significa, concretamente, que, na direção espiritual, é de grande importância descobrir na alma do penitente quais os santos desejos que representam a possibilidade *de um dom espontâneo e pessoal a Deus, que só a própria pessoa pode fazer*. Se há algum dom que só o penitente possa fazer, então, é quase certo que Deus lhe pede esse dom, e um santo, humilde e sincero desejo é, talvez, um dos sinais de que o Senhor o pede!

Mas aqui é que entra uma certa hipocrisia inconsciente. Temos medo de fazer esse dom espontâneo, tememos a própria espontaneidade, porque nos deixamos deformar pela ideia de que toda espontaneidade é forçosamente "apenas natural". Pensamos que, para ser "sobrenatural", uma obra tenha de nos contrariar, frustrar e aborrecer. A verdade é, evidentemente, diversa. É-nos necessário frustrar e dominar nosso ser sensual egoísta, exterior, esse ser automatizado e autoritário, incapaz de verdadeiro amor. Quando, porém, assim agimos, libertamos nosso ser interior e simples, nosso ser que traz a semelhança e imagem de Deus, "Cristo em nós", e nos tornamos capazes de amar a Deus com liberdade espiritual e fazer-lhe, com toda a simplicidade, o dom que Ele nos pede.

Quando, porém, tememos a espontaneidade, tendemos a disfarçar nossos desejos e a apresentá-los, justamente, como se os negássemos. Temos o sentimento de que nosso guia espiritual rejeitará automaticamente tudo quanto, realmente, desejarmos. Cremos que tanto Deus como o guia espiritual estão, de antemão, predispostos contra tudo que é espontâneo. Daí, em lugar de manifestarmos com simplicidade o que na verdade sentimos e desejamos, dizemos coisa diferente, que imaginamos esperem que sintamos ou desejemos, dando, assim, a impressão de não desejarmos o que, secretamente, desejamos. Ora, apesar de todas as nossas boas intenções, isso é pura hipocrisia. As consequências são realmente perigosas, pois, se esse é o nosso conceito da vida interior, estamos, na verdade, dizendo que Deus quer uma fachada. Ficamos, então, concentrados em construir essa fachada em nossa própria vida e, talvez mesmo, na vida de outros. O resultado é a falsificação completa da vida religiosa de nossa comunidade.

Não, temos de ser perfeitamente abertos e simples, sem preconceitos nem *teorias artificiais* sobre nós mesmos. Temos de aprender a dizer aquilo que na verdade sentimos nas profundezas de nossa alma, tanto quanto podemos perceber. Devemos aprender ainda a falar de acordo com a verdade que está em nosso íntimo, e não dizer aquilo que pensamos que os outros esperam ouvir de nós, nem tampouco o que alguma outra pessoa acaba de dizer. Temos, também, de estar preparados para assumir a responsabilidade de nossos desejos e aceitar as consequências... Aliás, isso não deve ser nem difícil nem fora do natural, desde que todo homem que vem ao mundo nasce com essa simplicidade. É a simplicidade da criança que, infelizmente, todos perdemos antes de termos a chance de fazer bom uso dela.

Entretanto, essa simplicidade ou infância do coração nada tem a ver com a artificialidade estudada e desabusada da maioria dos adolescentes em nossos dias. O cinismo não é, para eles, uma convicção profunda (não possuem convicções profundas), é apenas uma atitude artificial que adotam, uma "pose", porque se sentem inseguros e temem perder a aprovação do grupo.

A verdadeira simplicidade supõe amor e confiança – quem a possui não pensa ser humilhado nem rejeitado, como tampouco espera ser admirado e louvado. Apenas tem a esperança de ser aceito tal qual é. Essa é a atmosfera que um bom diretor procura provocar: uma atmosfera de confiança e amizade, em que o penitente pode dizer tudo que tem na mente, certo de que será tratado com *franqueza e sinceridade*.

Se, ao tentar ser sincero, o penitente toma apenas uma atitude artificial, deverá, então, estar preparado para aguentar as consequências. Mas tudo que disser de autêntico, que lhe venha realmente do coração, será compreendido e aceito por um sábio diretor. Tais aspirações genuínas e verdadeiras, brotadas do coração, podem ser indicações muito importantes da vontade de Deus para a alma – e às vezes têm de ser sacrificadas.

Isso nos dá uma indicação do que o guia espiritual está realmente querendo saber a nosso respeito.

Não quer ele apenas estar informado sobre os nossos problemas, dificuldades, segredos. Por isso, não se deve pensar que o tempo dedicado à direção não foi bem aproveitado se não girou em torno de um problema. O guia espiritual está interessado em conhecer o mais íntimo de nosso ser, nosso ser *real*. Quer conhecer-nos, não pelos olhos dos outros, nem por nossos próprios olhos, mas como somos aos olhos de Deus. Quer saber a verdade mais recôndita sobre nossa vocação, sobre a ação da graça em nossas almas. A "direção" que nos dá nada mais é, em realidade, do que um meio de nos levar a reconhecer e obedecer ao nosso verdadeiro Guia – o Espírito Santo –, escondido nas profundezas de nossa alma. Jamais devemos esquecer-nos de que, na realidade, não somos guiados nem ensinados pelos homens e que, se necessitamos de "direção" humana, é somente porque não podemos, sem o auxílio humano, tomar contacto com aquela "unção" (do Espírito) que tudo nos ensina (1Jo 2,20).

Ao manifestar as nossas mais íntimas aspirações e provações, devemos esforçar-nos, sobretudo, por sermos perfeitamente francos e claros. A direção espiritual é ótimo meio para nos tornarmos verdadeiros, sinceros para com nós mesmos e para com a graça de Deus. *A disciplina da sinceridade e simplicidade, que um bom guia espiritual saberá discretamente impor, talvez por meios indiretos, é uma das coisas mais essencialmente necessárias na vida interior dos religiosos de hoje.*

Parece, às vezes, que a chamada "vida interior" pouco mais é do que um emaranhado de ilusões, uma coleção de frases piedosas previstas e tomadas de empréstimo a livros e sermões e que utilizamos para ocultar, mais do que para revelar, o que vai em nosso íntimo. . . Quantas vezes o guia espiritual, ouvindo almas religiosas aparentemente admiráveis, se entristece e fica atônito pelo sentimento de que diante dele se encontra um muro de autossuficiência, vaidade e inconsciente autossatisfação, reforçado de "frases feitas" banais, plagiadas de piedosos autores, muro inteiramente preparado a resistir a toda e qualquer penetração da humildade e da verdade. Seu coração se contrai, é tomado por um sentimento da inutilidade da coisa, de que não há jeito de destruir essa armadura e libertar a verdadeira pessoa enterrada e presa debaixo dessa falsa fachada que adquiriu, infelizmente, como resultado de uma formação religiosa defeituosa.

Uma direção espiritual pouco sábia é, talvez, responsável por essa deformação da pessoa. Tais almas são, em realidade, incapazes de manifestar o que lhes vai na alma, porque se tornaram inteiramente cegas ao que se passa em seu interior e colocaram, em lugar da realidade, algo diverso.

Contudo, estão inteiramente de boa fé e, em certo sentido, possuem uma espécie de paz baseada na rígida estrutura da artificialidade que construíram precisamente como um baluarte contra a ansiedade. É possível que, às vezes, um pouco de ansiedade possa ser coisa boa!

Em todo caso, o guia espiritual deve estar atento à vaidade espiritual inconsciente que faz as almas virtuosas desejarem brilhar, de maneira sutil, a seus olhos e, assim, conseguirem sua aprovação. Onde há coisas boas, deverá certamente aprová-las e estimulá-las, em toda simplicidade e sinceridade. A artificialidade nas humilhações não é necessária para manter a alma na humildade. Mas a simplicidade do guia espiritual e, talvez, um delicado senso de "humour", torná-lo-ão alerta para logo perceber qualquer coisa que denote um "ato de piedade" da parte do penitente.

Não há coisa que faça tanto mal, na direção espiritual, quanto a aceitação, por parte do guia, de uma consciente pretensão à perfeição, em lugar da realidade nua e crua.

Talvez não haja tarefa mais difícil e delicada para um guia espiritual do que a orientação de cristãos chamados a uma vida de oração, vida interior. Isso se torna ainda mais árduo pelo fato de haver tanta tolice "piedosa" escrita ou dita sobre "almas místicas", "almas vítimas" e outras tais categorias de almas. Na vida de oração, a direção espiritual é de máxima importância. Todavia, na hora presente, a situação é tal que, se o guia não for bem simples e bem sensato, poderá fazer muito mal a alguém que acaso se achasse já bem unido a Deus na oração. Todo o mal vem da reflexão desordenada sobre si mesmo, gerada pela consciência dos "graus de oração" e dos degraus da ascensão à "montanha do amor". Concretamente, quando alguém começa a tomar com demasiada preocupação e seriedade sua vida de oração, e crê que esta requer uma direção espiritual particular profunda, tende a corrompê-la pela excessiva reflexão. Começa a olhar para si próprio, julga suas reações; pior ainda, preocupa-se em pensar se deve ou não torná-las conhecidas a seu guia espiritual. Evidentemente, isso é fatal à autêntica oração interior e mesmo, com o tempo, leva à ruína vocações contemplativas verdadeiramente boas. Cremos que a maioria das questões pseudotécnicas que parecem exigir cuidados na direção espiritual são inteiramente inúteis e devem ser esquecidas. Que bem poderá fazer a uma pessoa saber se sua contemplação é ou não "infusa"? Mesmo os que ainda se acham interessados na questão, já enterrada, da contemplação adquirida *versus* contemplação infusa, concordam que, na prática, pouca diferença faz quanto à direção espiritual de alguém cuja oração é de modo geral, simples e contemplativa. Um contemplativo não é alguém que toma a sua oração a sério, mas que toma Deus a sério, é faminto de verdade, e procura viver em simplicidade generosa, no espírito. Uma humildade ardente e sincera é a melhor proteção à sua vida de oração.

Um guia espiritual que saiba estimular a simplicidade e a fé encontrará muitos contemplativos, verdadeiros e simples, que respondam à sua direção com pouca ou nenhuma tolice no que diz respeito à oração de quietude, união plena, ligadura etc. O problema não está em que essas coisas sejam de pouca importância ou irreais, mas em que a verbosidade com que se tende a envolvê-las se mete entre o contemplativo e a realidade, entre a alma e Deus.

O que há de mais perigoso nessa espécie de autoconsciência reflexiva na oração é que a alma se torna como um espelho opaco no qual o contemplativo não fixa mais o olhar em Deus, mas só vê a si. Essa louca técnica, juntamente com a pior loucura de visões e locuções que são tomadas a sério, sem base suficiente, acaba por tornar o santuário do espirito uma espécie de abominação da desolação em que a voz de Deus não pode fazer-se ouvir, porque de todos os lados as paredes ecoam frases feitas de "autores espirituais".

Uma rudeza artificial e o emprego deliberado de humilhações em nada remediará tal estado de coisas se o próprio guia espiritual adotar – ainda que secretamente – a mesma norma de falsos valores declarando, implicitamente – pela maneira "especial" com que "humilha" o penitente – que ele se acha em presença de grandes graças, capazes de virar a cabeça de qualquer um. Esse é simplesmente um outro modo de cometer o mesmo erro. Nem o guia nem o penitente devem ficar possuídos pela obsessão do problema dos dons e das graças, mas devem ocupar-se de Deus, o Doador, e não dos Seus dons. O importante é a vontade de Deus e Seu amor. Quanto mais conseguirmos ser objetivos a esse respeito, tanto melhor. Graças e dons jamais chegarão a virar a cabeça de alguém cuja atenção se mantém voltada para Deus e não sobre si próprio. Quanto mais o estado de oração for realmente contemplativo, tanto menos a alma o perceberá e tanto mais será ele obscuro e transparente...

O que temos dito sobre as graças de oração se aplica, na mesma medida, às provações e purificações passivas. O importante aqui é tranquilizar com calma quem se sente ansioso e perturbado, criar um clima de real compreensão das provações espirituais sem dramatizar exageradamente a "noite" da alma.

Na verdade, há tanto perigo de autocontemplação nas provações como nas consolações.

Muita obscuridade na oração que se glorifica com o nome de "purificação passiva" é, talvez, em larga medida, questão de tédio devido à perplexidade e à fixação dos aspectos subjetivos e acessórios da vida espiritual. A alma deve, então, tomar pleno contato com a realidade, e a secura provavelmente desaparecerá em grande extensão.

Infelizmente, o costume e a espiritualidade em vigor em certas comunidades tendem a incentivar o sentimento de frustração e a glorificar toda forma de infantilismo mal-humorado como se fora noite do espírito. As vítimas dessa espécie são estimuladas ao masoquismo e à autocomiseração, sob pretexto de que isso tem algo a ver com a contemplação. Em verdade, é uma evasão à graça e uma pretensa espiritualidade. Por fim, leva a várias formas de escapismo, por exemplo: atividades inúteis e fúteis – projetos múltiplos de trabalhos desnecessários etc. – com que se sonha, mais ou menos deliberadamente, para romper o feitiço da obsessão de si mesmo.

Não conseguem, todavia, seu objetivo, produzem apenas uma modalidade diferente de ansiedade e nova frustração. O que, em realidade, se quer é uma ideia *realista,* inteiramente simples do que seja a vida contemplativa, em toda a sua simplicidade, com as humildes e espontâneas atividades que lhe são próprias, as satisfações autênticas, um tanto rústicas, que proporciona, e a legítima distração que pode advir de uma leitura variada e a dilatação provinda de interesses humanos sadios, em nada incompatíveis com uma vida de oração.

Certamente não será necessário tentar acabar com uma fixação malsã sobre experiências na oração indo ao extremo inverso, lançando a pessoa já atordoada numa roda viva de festas e diversões profanas, como demasiados guias espirituais teriam tendência a fazer. Devemos tomar o máximo cuidado em procurar um meio termo feliz e equilibrado.

Consiste isso em não se entregar a um ascetismo extremo oposto, que seria uma excessiva sociabilidade e o convívio exagerado com outros. O que se deve procurar é retomar uma vida ordinária simples e sadia, vivendo-a num ritmo moderado e humanamente agradável, onde haja algumas humildes, mas reais satisfações e alegrias de caráter mais ou menos primitivo. O trabalho manual (principalmente ao ar livre) tem papel de grande importância nesse reajustamento, considerado não como penitência, mas como meio de distender e refrescar o espírito.

Em suma, um dos maiores benefícios que um guia espiritual pode trazer à vida de oração contemplativa de seus penitentes é ajudá-los a reintegrar toda a sua existência, tanto quanto possível, numa base simples, natural, ordinária, onde possam ser plenamente *humanos.* A graça pode, então, operar neles e torná-los plenamente filhos de Deus.

5. Problemas especiais

Uma vez que abrimos as profundezas de nossa alma ao guia espiritual, penetra ele em nossos motivos e vê, ainda que "através de um vidro obscuramente", e não em plena luz, até que ponto correspondem à verdade e à graça de Deus. O valor de um guia espiritual está na clareza e simplicidade de seu discernimento e na solidez do julgamento, de preferência à exortação que ele dá. Pois, se sua exortação estiver baseada num juízo errôneo, será de pouco valor. Pode, mesmo, fazer mal. Essa faculdade do discernimento sobrenatural é uma graça; é, de fato, um dom carismático, uma graça de ordem elevada, concedida por Deus para o bem das almas. Tais carismas de modo algum são tão raros como se poderia imaginar. O Espírito Santo age ainda poderosamente em Sua Igreja, embora esse poder esteja mais oculto do que nos primeiros séculos! Temos, por acaso, alguma razão para duvidar?

Acontece, às vezes, que a luz da verdade concedida ao guia espiritual penetra, apesar de nossas defesas, através da nossa armadura inconsciente. Ele dirá, talvez, algo que nos perturbe profundamente. Podemos, de início, nos revoltar. Imaginamos até que ele se tenha seriamente enganado e não nos compreenda. Pois insistimos em que tudo que ele diz deve trazer-nos profunda paz – e o que ele acaba de declarar nos conturba profundamente! Acontece, então, nos sentirmos tentados a rejeitar a sua decisão, a pôr de lado seus conselhos e não mais procurá-lo.

Em tais momentos, devemos estar de sobreaviso, pois é possível que estejamos resistindo à luz de Deus. Estamos, talvez, recusando uma graça capaz de transformar nossa vida toda. Podemos estar vacilantes e voltando atrás, no limiar de uma dessas "conversões" que nos levam a um nível de espiritualidade totalmente novo e a uma intimidade mais profunda com Cristo. Tomemos muito cuidado quando estivermos contrariados com o nosso guia espiritual. Vejamos se não podemos aceitar o que por ele foi dito, por mais errado que nos possa parecer. Tentemos, ao menos, segui-lo e ver o que acontece.

Um pouco de boa vontade, um pouco de fé e uma humilde oração a Deus poderão tornar-nos capazes de fazer aquilo que parecia impossível. E teremos, talvez, a surpresa de constatar uma mudança quase miraculosa em nossa vida. Mesmo quando nosso guia se mostrou desajeitado ou demasiado autoritário, pode o Senhor recompensar-nos a humildade e boa vontade, concedendo-nos grandes graças.

É claro, como já dissemos anteriormente, ser bem possível termos um guia espiritual que não nos compreenda. Não existe guia espiritual perfeito, e mesmo o mais esclarecido e sensível deles não saberá, talvez, compreender as delicadas ressonâncias que revelam o segredo íntimo e verdadeiro do nosso caráter.

Há pessoas, que positivamente não "afinam".

Há situações em que se apresentam sérios motivos indicando a necessidade de mudar de guia espiritual. Por exemplo, se um diretor espiritual recusa ouvir nossos pontos de vista sinceros e rejeita toda conversa séria sobre o assunto, poderá haver motivo de procurar outro. Todavia, não sejamos apressados, demos tempo à reflexão antes de agir. Temos, realmente, motivo suficiente para mudar? Suponhamos que o guia espiritual não nos compreenda perfeitamente. Suponhamos que haja um muro entre ele e nós; mesmo assim, estamos em condições de dizer que não nos revelou ele muitas coisas importantes, que pessoa alguma ainda nos havia dito? Se esse for o caso, então é porque Deus se está servindo dele como de um instrumento, e devemos conservar esse guia espiritual, a não ser que nos pareça absolutamente claro devermos procurar outro mais compreensivo, e que esse possa ser encontrado. Em todo caso, só devemos procurar outro guia depois de prudente consideração e, se possível, consultando antes um sábio amigo, um superior competente ou um outro confessor – por exemplo, na época do retiro anual ou das confissões extraordinárias.

Qual o valor da direção por carta? Não devemos exagerar-lhe o valor. Uma carta de um guia espiritual que nos conheça bem e seja bom teólogo, ou de uma pessoa profundamente espiritual tem valor, não há dúvida. Contudo, falta à direção espiritual por correspondência algo de importante: a ausência de contacto direto e pessoal. Na direção espiritual oral, muito é comunicado sem palavras e, até mesmo, apesar das palavras. A relação direta de pessoa a pessoa é algo impossível de substituir satisfatoriamente. Foi Nosso Senhor mesmo quem disse: "Onde dois ou três estiverem juntos em meu nome, ali estarei no meio deles". Há uma presença especial de Cristo no contato direto, pessoal, que garante uma expressão mais profunda e íntima da verdade toda.

É claro ser melhor receber cartas de um guia espiritual realmente bom do que ter contato com um que não o seja. A maioria dos bons diretores, entretanto, dispõe de pouco tempo para escrever longas cartas. Estão presos a ocupações numerosas e inadiáveis.

Não se deve imaginar estar obrigado a uma estrita obediência para com o diretor. Um diretor não é um superior. Nossa relação para com ele não é a de uma pessoa submissa a uma autoridade jurídica de instituição divina. É, antes, uma relação de amizade entre um amigo e um conselheiro. Daí a virtude que se requer na direção espiritual ser mais a *docilidade* do que a obediência, e a docilidade é uma questão de prudência. A obediência é uma questão de justiça. Não fazer caso da orientação de um guia espiritual pode ser imprudente; não é, contudo, um pecado contra a justiça ou contra o voto de obediência.

Poderíamos acrescentar que os teólogos contemporâneos desencorajam de fazer voto privado de obediência ao guia espiritual. Contudo, no caso de pessoas sofrendo de escrúpulos, está indicado seguirem ao pé da letra as instruções dadas pelo pai espiritual, sem titubear nem discutir o sentido de suas palavras. Na prática, será isso uma espécie de obediência. Mas, num caso desses, a pessoa escrupulosa é incapaz de discernir e agir com prudência e, consequentemente, deverá obedecer ao guia espiritual. Está na posição de uma criança que tem de obedecer aos pais, desde que não pode confiar no seu próprio julgamento.

Tratemos, agora, para finalizar, de um ponto importante. O guia espiritual não é um psicanalista. Deve ele ater-se à missão divina recebida, e evitar dois erros. Em primeiro lugar, não tem de se tornar um amador em matéria de psicoterapia. Não deve querer ocupar-se diretamente de problemas emocionais e impulsos inconscientes. Basta-lhe estar suficientemente informado a respeito, para reconhecer-lhes a presença. Tem, ainda, de estar impregnado de profundo respeito para com a natureza humana em suas manifestações inconscientes, instintivas. Não cometa jamais o erro de dar uma direção que reforce suas próprias tendências inconscientes e infantis de autoritarismo. Ao mesmo tempo, evite ele ser demasiadamente fácil e consolador, aprovando todos os caprichos, mesmo os menos razoáveis.

Em segundo lugar, é-lhe necessário reconhecer que os problemas psicológicos são muito reais e que, quando existem, estão fora do âmbito de sua competência. Não deve colocar-se ao lado dos que, por princípio, desprezam a psiquiatria e pretendem resolver todos os problemas emocionais por meios ascéticos. Deve ele saber quando é indicado recorrer a um psiquiatra para o tratamento que convém. Não queira tentar a "cura" de um penitente que sofre de neurose, usando de "bluff", ou simplesmente animando-o superficialmente e, menos ainda, sobressaltando-o!

Nestas páginas lançamos um breve olhar sobre algumas das vantagens da direção espiritual e alguns de seus problemas. A uma tal exposição falta, inevitavelmente, a perspectiva. Dá a impressão de que acontece sempre muita coisa na direção espiritual. Cria a falsa ideia de que o guia tem de estar constantemente em atitude de prontidão, alerta para evitar ser enganado – como se cada encontro para a direção espiritual fosse uma verdadeira batalha entre a luz e as trevas.

De modo algum é esse o caso. Seria inexato pensá-lo. Uma vez que o guia espiritual e o penitente tiveram o tempo necessário para bem se conhecerem, a direção geralmente continua pacificamente, sem nada de notável, de mês em mês, de ano a ano. Raramente ocorrem grandes problemas. Poucas são as dificuldades. Quando aparecem, são tratadas com simplicidade e paz, sem grandes complicações. Pode haver momentos de dificuldade e tensão, mas são raros, passam e tudo continua como antes. Estaríamos, talvez, tentados a pensar que, afinal, tudo isso é demasiadamente insípido, sossegado, seguro. Pareceria, talvez, ser a direção espiritual perda de tempo, como se nada mais fosse, em suma, senão uma conversa amigável sobre os acontecimentos triviais contemporâneos.

Todavia, se tivermos sabedoria e soubermos julgar bem, compreenderemos estar, precisamente aí, o maior valor da direção espiritual. Essa vida pacífica, em sua simplicidade, quase banal, seria, talvez, coisa inteiramente diversa sem esses encontros ocasionais num ambiente de simpatia e essas conversas amistosas que dão tranquilidade e mantêm as coisas serenamente em seu curso normal. Quantas vocações seriam mais firmes se a todos os religiosos e a todas as religiosas fosse dado navegar em águas tão calmas e seguras como essas!

* * *

QUE É A MEDITAÇÃO?

Meditar é exercitar o espírito em séria reflexão. É esse o sentido mais largo que se possa dar à palavra "meditação". O termo, então, não está confinado ao âmbito de reflexões religiosas, mas implica atividades mentais e certa absorção ou concentração que não permitem às nossas faculdades vaguearem ao léu ou permanecerem preguiçosas e sem orientação.

Desde o princípio, deve ficar bem claro, porém, que o termo "meditação", aqui, não se refere a uma atividade puramente intelectual, e ainda menos a mero raciocínio. A reflexão tem a ver não só com o espírito, mas também com o coração, e, em realidade, com todo o ser.

Alguém que realmente medita não pensa apenas, ama também, e por seu amor – ou pelo menos pela intuição compreensiva para com a realidade sobre a qual reflete – entra nessa realidade e a conhece, por assim dizer, por dentro, por uma espécie de identificação.

Santo Tomás e São Bernardo de Claraval descrevem a meditação (*consideratio*) como uma "procura da verdade". Todavia a "meditação", para eles, é algo de inteiramente distinto do estudo que é, igualmente, uma "procura da verdade". A meditação e o estudo podem, é claro, estar inteiramente relacionados. Na verdade, o estudo só é espiritualmente fecundo se conduz a uma qualquer meditação. Pelo estudo, procuramos a verdade nos livros ou em alguma outra parte fora de nossas mentes. Na meditação, esforçamo-nos por assimilar o que já temos. Consideramos os princípios que já aprendemos e os aplicamos à própria vida. Em lugar de simplesmente armazenar fatos e ideias em nossa memória, esforçamo-nos por pensar de maneira pessoal e íntima.

No estudo, podemos nos contentar com uma ideia ou um conceito que seja verídico. Podemos nos contentar em ter um conhecimento *a respeito* da verdade. A meditação é para os que não se satisfazem com um conhecimento meramente objetivo e conceitual *em relação* à vida, *em relação* a Deus – *em relação* a realidades de primeira importância. Querem entrar em contacto íntimo com a própria verdade, com Deus. Querem experimentar as mais profundas realidades da vida, *vivendo-as*. A meditação é um meio para chegar a um fim.

Assim sendo, embora a definição da meditação *(inquisitio veritatis)* como uma busca da verdade realce o fato de que ela é, acima de tudo, função da inteligência, significa, contudo, algo de mais. Santo Tomás e São Bernardo falavam de uma meditação fundamentalmente religiosa, ou, pelo menos, filosófica, e que tem como alvo fazer desabrochar nosso ser todo, pondo-o em comunicação com uma realidade suprema acima de nós. Esse conhecimento unitivo e amoroso começa na meditação, mas só atinge seu pleno desenvolvimento na oração contemplativa.

Essa ideia é muito importante. Rigorosamente falando, até a meditação religiosa é primariamente uma questão de *pensar*. Mas não termina no pensamento ou reflexão. O pensar mediativo é simplesmente o início de um processo que leva à oração interior e que, normalmente, se supõe culminar na contemplação e na comunhão afetiva com Deus. Podemos chamar todo esse processo (em que a meditação leva à contemplação), *oração mental*. Na prática, a palavra "meditação" é, muitas vezes, utilizada como se designasse exatamente a mesma coisa que "oração mental". Todavia, se considerarmos o sentido exato da palavra, veremos que a meditação é apenas uma pequena parte de todo o conjunto de atividades interiores que constituem a oração mental.

Meditação é o nome com que é designada a primeira parte do exercício, a parte em que nosso coração e nosso espírito se adestram numa série de atividades interiores que nos preparam à união com Deus.

Quando o pensamento está vazio de atenção afetuosa, quando começa e termina na inteligência, não leva a oração ao amor, à comunhão. Não entra, portanto, no quadro próprio da oração mental. Isso não pode ser considerado, em realidade, meditação. Está fora do âmbito da religião e da oração. Está, portanto, excluído da nossa consideração nestas páginas. Nada tem a ver com nosso assunto. Apenas devemos fazer notar que estaria alguém perdendo tempo se acreditasse que o simples raciocínio pode satisfazer as necessidades de sua alma em relação à meditação religiosa. A meditação não é só questão de "refletir sobre um assunto", mesmo se isso leva uma boa resolução do ponto de vista da ética. A meditação é mais do que pensar.

A característica que distingue a meditação religiosa é ser ela uma busca da verdade que brota do amor e a procura da posse da verdade, não só pelo conhecimento, mas também pelo amor. É, portanto, uma atividade intelectual inseparável de uma intensa consagração do espírito e aplicação da vontade. A presença do *amor* em nossa meditação intensifica e torna mais claro o pensamento, dando-lhe qualidade profundamente afetiva. Nossa meditação se vê repleta de uma amorosa apreciação do *valor* oculto na verdade suprema que a inteligência procura.

Esse impulso afetivo da vontade, em procura da verdade como o bem mais elevado da alma, ergue-a acima do nível da especulação e faz de nossa busca da verdade uma oração cheia de amor reverenciai e adoração, que se esforça por penetrar a escura nuvem que se mantém entre nós e o trono de Deus.

Batemos de encontro a essa nuvem pela súplica, lamentamos nossa pobreza, nossa incapacidade, adoramos a misericórdia de Deus e suas sublimes perfeições, dedicamo-nos inteiramente ao seu culto.

A oração mental é, portanto, como um foguete sideral. Movida por uma centelha do amor divino, a alma se lança em direção ao céu, num ato de inteligência claro e direto como a trajetória luminosa do foguete. A graça libertou as mais profundas energias do nosso espírito e nos assiste na ascensão de novas e insuspeitadas alturas. Contudo, nossas faculdades atingem em breve seus limites. A inteligência não consegue subir mais alto. Existe um ponto onde a mente se vê obrigada a baixar essa trajetória de fogo, como que para reconhecer seus próprios limites e proclamar a infinita transcendência do Deus inatingível.

É aqui, porém, que a "meditação" atinge o clímax. O amor toma novamente a iniciativa e o foguete "explode" numa expansão de louvor sacrificial. O amor, então, projeta centenas de estrelas incandescentes – atos de toda espécie – que expressam tudo o que há de melhor no espírito do homem, e a alma se consome em fogos que jorram glorificando o Nome de Deus, enquanto caem em direção à Terra desaparecendo, espalhados pelo vento noturno!

É essa a razão por que Santo Alberto Magno, o mestre do qual Santo Tomás de Aquino recebeu a formação teológica em Paris e Colônia, nos dá o contraste entre a contemplação do filósofo e a dos santos:

"A contemplação dos filósofos nada mais procura do que a perfeição de quem contempla, e não vai além do intelecto. Mas a contemplação dos santos se inflama em amor do objeto contemplado, isto é, Deus. Não termina, portanto, num ato da inteligência, mas passa à vontade por um efeito do amor".

Santo Tomás de Aquino comenta sucintamente que é essa a razão por que o conhecimento contemplativo de Deus é atingido, neste mundo, pela luz de um amor inflamado: *per ardorem caritatis datur cognitio veritatis* (comentário do Evangelho de São João, Cap. 5).

A contemplação dos "filósofos", que é mera especulação intelectual sobre a natureza divina tal como se reflete nas criaturas, seria, portanto, como um foguete que se projetasse nos céus, mas jamais explodisse. A beleza do foguete está na sua "morte", e a beleza da oração mental e da contemplação mística está no abandono da alma e na total entrega de si mesma, numa explosão de louvor em que se consome inteiramente, para dar testemunho à transcendente bondade do Deus infinito. Quanto ao mais, é silêncio.

Não nos esqueçamos jamais de que o fecundo silêncio em que as palavras perdem seu poder de expansão, e os conceitos nos escapam, é, talvez, a mais perfeita meditação. Não devemos ter medo nem nos inquietar quando não conseguimos mais "fazer atos". Antes, devemos regozijar-nos e repousar na noite luminosa da fé. Esse repouso é um degrau mais alto de oração.

* * *

*A MEDITAÇÃO NA
SAGRADA ESCRITURA*

Lemos no Gênesis que Isaac se dirigiu aos campos, à tardinha, para meditar (Gn 24,63). Que meditava ele? Os patriarcas eram homens que viviam muito próximos de Deus, homens aos quais Deus falava com familiaridade. Deus estava sempre perto nas vidas de Noé, Abraão, Isaac, Jacó. Quando os judeus invocavam o Deus de Abraão, Isaac e Jacó, invocavam Aquele que era *conhecido* de seus pais, Aquele que lhes prometera, por seus pais, a salvação.

O homem fora expulso do Paraíso, mas alguns escolhidos ainda gozavam algo da intimidade com Deus que existia outrora, quando Adão e Eva o ouviam, ao caminhar com eles no Éden, à tarde.

Uma das razões por que a Lei fora dada a Moisés no Sinai é que o povo escolhido temia falar diretamente com Deus ou ouvi-lo falar-lhe.

Todo o povo ouvia os trovões e o som da trombeta, e via os relâmpagos e o monte fumegando; aterrorizados e abalados com o pavor, paravam ao longe, dizendo a Moisés: "Fala-nos tu, e nós ouviremos; não nos fale o Senhor, não suceda morrermos!" (Ex 20,18-19).

A meditação da Lei do Senhor servia, agora, como válida substituição à íntima familiaridade com Deus que houvera sido a alegria e a luz dos patriarcas. Como poderia assim ser, se a Lei não levasse à união dos espíritos e das vontades com Deus, se a meditação não desse fruto numa santa e sobrenatural conversação com Deus, santificada pelo temor filial e consagrada pela reverência, obediência e sacrifício de si mesmo no amor? A recompensa dessa meditação era a luz de sobrenatural prudência – uma sabedoria que penetrava no sentido da Lei. Essa meditação da Lei significava, não apenas que as prescrições eram cumpridas externamente, mas que os homens lhes compreendiam o sentido íntimo e o valor, e consideravam-nas em relação aos planos de Deus para o homem.

Essa compreensão colocava o homem em face do poder e da misericórdia de Deus, refletida em Suas promessas à nação santa e em Seus planos para seu povo. O fruto dessa compreensão era uma fortaleza moral indefectível, uma coragem sobrenatural.

Tem ânimo pois, reveste-te de grande fortaleza, para cuidadosamente cumprir toda a lei, que Moisés, meu servo, te prescreveu; não te desvies dela nem para a direita nem para a esquerda, a fim de que sejas feliz em tudo que fizeres. Não se aparte da tua boca o livro desta lei, mas medita nele dia e noite, cuidando de cumprir tudo o que nele está escrito; então prosperarás em teus caminhos e serás bem-sucedido (Jo 1,7-8).

Essa meditação deve acompanhar a leitura da Lei. As palavras sagradas têm algum sentido em nossa boca, mas só o têm plenamente quando são, ao mesmo tempo, realizadas em nossa vida. A meditação da Lei, portanto, significa, não só pensar na Lei e estudá-la, mas vivê-la com uma compreensão plena, ou relativamente plena, dos desígnios de Deus ao manifestar-nos Sua vontade.

Mas, que são esses desígnios? Veremos que as intenções de Deus em relação aos homens estão contidas, não apenas na Lei da Sua justiça, mas também, e especialmente, na promessa da Sua misericórdia. O amor de Deus por nós já se achava implicitamente contido nas promessas feitas a Abraão.

Nessas promessas, "o justo vive da fé". Os salmos estão cheios dessa "meditação" da Lei de Deus. Acima e para além dessa Lei, contudo, vemos os salmistas transportados fora de si pela experiência que têm das misericórdias do Senhor, pela convicção que possuem da *fide-*

lidade de Deus às Suas promessas: *Misericordias Domini in aeternum cantabo!* Os salmos meditam, não só sobre a bondade e a beleza da Lei de Deus e a felicidade de uma vida por ela ordenada, mas meditam, acima de tudo, na suprema e estática felicidade, puro dom de Deus em Sua misericórdia, para com os pobres, os *Anawin* – aqueles que, porque não possuem nenhuma esperança humana, grandeza ou apoio, são, por isso mesmo, protegidos e amados com especial poder e compaixão por parte de Deus. A meditação dos salmos inspirada pelo amor é a chave que nos faz penetrar no grande mistério da divina compaixão.

Daí o fato de o salmista se ver frequentemente elevado acima do nível em que encontramos a Deus através de unia expressão externa de Sua vontade. Muitas vezes, os salmos nos aproximam de Deus, colocam-nos perto do Deus misericordioso, o Deus que prometeu justiça aos oprimidos, misericórdia e salvação a seu povo. A meditação de que nos falam continuamente os salmos se eleva com frequência ao plano de uma experiência penetrante das eternas misericórdias de Deus. O salmista, então, prorrompe em louvor; pois essa experiência da misericórdia de Deus é, sobretudo, a experiência de que Ele é a Realidade suprema e transcendente, de que Ele, o Senhor e Deus único, ama aqueles a quem manifestou Seu amor e a salvação.

Eu cantarei eternamente as misericórdias do Senhor; anunciarei a tua verdade pela minha boca por todas as gerações.

Com efeito, dissestes: "A misericórdia está estabelecida para sempre"; no céu estabeleceste a tua verdade (Sl 88,1-3).

É claro, portanto, que o caminho da meditação e o caminho da perfeita felicidade, porque leva ao conhecimento do Deus vivo, a uma experiência de quem Ele, em verdade, é!

1. Bem-aventurado o homem que não segue o conselho dos ímpios, e não anda pelo caminho dos pecadores, e não se senta na reunião (dos maus);

2. Antes põe as suas complacências na lei do Senhor, e na sua lei medita de dia e de noite.

3. Ele é como a árvore plantada junto às correntes das águas, que a seu tempo dá fruto, cujas folhas não murcham, e todas as coisas que faz têm bom êxito.

4. Não assim os ímpios, não assim; mas são como a palheira que o vento leva.

5. Por isso os ímpios não se sustentarão no (dia do) juízo, nem os pecadores (estarão) na congregação dos justos,

6. Porque o Senhor cuida do caminho dos justos e o caminho dos ímpios perecerá (Salmo 1).

Os monges meditam os salmos ao cantá-los. Contudo, São Bento, na Regra, provê que haja tempo para essa meditação fora das horas do ofício coral. Pode a meditação ter vários graus. Para os que se iniciam, consiste simplesmente em aprendê-los de cor. Para os mais adiantados, é a penetração inteligente do sentido dos salmos.

Todavia, essa penetração do sentido dos salmos não era apenas questão de estudá-los com o auxílio de um bom comentário. Tratava-se de "saboreá-los" e de se "impregnar" do seu sentido nas profundezas do próprio coração, repetindo lentamente as palavras, de refletir, em espírito de oração, no centro mais recôndito do ser, de maneira a que, gradativamente, se tornassem tão íntimos e pessoais como as próprias reflexões e os próprios sentimentos de quem os meditava. Assim, os salmos "formam" o espírito e o coração do monge segundo o espírito e o coração de Cristo. Mesmo o monge que já atingiu maior grau de perfeição não abandona a "meditatio psalmorum" como se fora mero exercício para iniciantes.

Os contemplativos, como Maria, conservam as palavras sagradas em seu coração, de maneira: a reviver as experiências profundas do salmista e, assim, recebem o toque do dedo de Deus, são elevados à contemplação e penetram a fundo no mistério de Cristo que, como a nuvem luminosa sobre o Tabor, envolve todo o Antigo Testamento.

Cristo se encontra por toda parte nos salmos, na Lei e nos Profetas; achá-lo aí é experimentar sua plena realização, pois achamos Aquele que é a vida e o próprio sentido dos salmos, e que vive em nós.

Jesus deu a seus discípulos o sacrifício e o sacramento da Eucaristia. Esse imenso dom, contendo em si, no mistério, toda a sabedoria de Deus resume em si todas as grandes obras do Senhor, sendo a maior delas.

Nesse sacramento, somos intimamente unidos a Ele e bendizemos Aquele que "visitou o seu povo". O mistério do amor misericordioso de Deus nos é revelado no coração traspassado de Cristo, o *magnum pietatis sacramentum.*

A meditação desse mistério é, em certo sentido, essencial ao sacrifício da Eucaristia, desde que Jesus disse: "Fazei isto em memória de mim". A missa é um memorial do sacrifício de Cristo, não no sentido de uma comemoração externa, e sim de uma representação viva e de suprema eficácia daquele sacrifício que derrama em nossos corações o poder redentor da Cruz e a graça da ressurreição, que nos torna capazes de viver em Deus.

Nossa participação ao sacrifício Eucarístico e nossa penetração, de coração ardente, no mistério de Cristo toma, em nossa vida, o lugar que pertencia à "meditação da Lei" na vida dos santos do Antigo Testamento. Entretanto, como o Novo Testamento não suprime o Antigo, não deixamos tampouco de meditar na Lei do Senhor. Mas nossa meditação é, agora, alimentada pela *memória Christi* – a consciência, o conhecimento, a experiência de Jesus escondido no Antigo Testamento que Ele realizou em plenitude.

Para São Paulo, meditar consistia na penetração das Escrituras por um amor divinamente iluminado, na descoberta de nossa adoção divina, no encontrarmo-nos a nós mesmos em Cristo, e no louvor da sua glória.

Meditemos as Escrituras que, como declara São Paulo, foram escritas para nos encher do conhecimento das promessas de Deus e da esperança de sua realização. "Pois tudo que foi escrito no passado foi escrito para nossa instrução, a fim de que, pela paciência e pela consolação que nos proporcionam as Escrituras, tenhamos esperança" (Rm 15,4). Crendo no que meditamos, somos "selados", transformados, consagrados: "Marcados com o Espírito Santo da promessa". Para que fim?

"Para que o Deus de N.S. Jesus Cristo, o Pai da glória, vos conceda o espírito de sabedoria e de revelação para conhecerdes perfeitamente e iluminar os olhos de vosso coração, para compreenderdes qual é a esperança a que fostes chamados, que tesouros de glória encerra a herança por ele destinada aos santos e qual é, para nós que cremos, a incomparável grandeza de seu poder, atestado pela eficácia de sua força vitoriosa" (Ef 1,17-19).

MEDITAÇÃO – AÇÃO E UNIÃO

Toda comparação é, em certo sentido, defeituosa. Nossa imagem do foguete sideral poderia, talvez, enganar a muitos espíritos imaginativos. A meditação não precisa ser vívida ou espetacular. A eficácia de nossa oração mental não deve ser julgada pelo efeito dos foguetes interiores que estouram dentro de nós quando oramos. Pelo contrário, embora o fruto de uma boa meditação possa, por vezes, ser um amor ardente e sensível que brota de vivas intuições da verdade, a essas chamadas "consolações" da oração não devemos dar crédito irrestritamente, nem devem ser procuradas por si mesmas. Devemos ser profundamente gratos quando a oração nos dá uma compreensão maior e mais clara e sentimos maior generosidade, e, de modo algum, devemos desprezar o estímulo da devoção sensível quando ela nos auxilia a realizar a nossa tarefa com aumentada humildade, fidelidade e coragem.

Contudo, desde que o fruto da oração mental está armazenado nas profundezas da alma, na vontade e na inteligência, e não no plano da emoção e das reações instintivas, é bem possível uma meditação, aparentemente "fria", porque sem emoções sensíveis, ser das mais proveitosas. Poderá ela comunicar-nos grande fortaleza e espiritualizar nossa vida interior, elevando-a acima do nível dos sentidos, e ensinar-nos a nos guiarmos pela razão e os princípios da fé.

Por vezes, uma meditação que poderia ser boa chega a ser prejudicada pela emoção. O efeito espiritual da graça ver-se-á frustrado, a vontade permanecerá inerte, enquanto a ideia que se apresenta em germe ficará estéril, devido ao sentimentalismo.

Esse é um dos pontos em que a ignorância torna o progresso na oração mental difícil, ou mesmo impossível. Os que pensam dever sua meditação culminar num reboliço de emoções caem em um ou dois erros. Constatam que suas emoções degeneram em secura e que a oração lhes aparece sem "fruto". Daí concluem que perdem tempo, e abandonam todo esforço, a fim de satisfazer sua sede de sensações de qualquer outro modo.

Ou, então, pertencem à categoria daqueles cujas emoções são inexauríveis. Conseguem quase sempre chorar durante a oração. Podem muito facilmente produzir sentimentos de fervor, com um pouquinho de concentração e um esforço bem adequado, sempre que o desejam. Mas essa é uma forma perigosa de êxito. A versatilidade emocional é uma ajuda no início da vida interior, mais tarde poderá ser um obstáculo ao progresso. No início, quando nossos sentidos se deixam facilmente atrair pelos prazeres criados, nossas emoções nos impedirão de nos voltarmos para Deus, a não ser que lhes seja dado sentir alguma satisfação e a consciência do valor da oração. Assim, o gosto das coisas espirituais tem de se iniciar sobre base humilde e terrena em relação aos sentidos e às emoções. Mas, se nossa oração terminar sempre por prazer sensível e consolação interior, correremos risco de nos repousar nessas coisas que, de modo algum, constituem o termo da viagem.

Há sempre perigo de iluminismo e falso misticismo, quando os que se deixam facilmente levar pela fantasia e emoção tomam demasiadamente a sério os impulsos, vivos e intensos que experimentam na oração, imaginando ser de Deus a voz de seus próprios sentimentos exaltados.

A atmosfera própria à meditação é de tranquilidade, paz e equilíbrio. O espírito deve estar apto a se entregar à reflexão com simplicidade e paz. A vontade deve estar orientada para o bem e fortalecida no desejo da união com Jesus. Jamais é requerida grande capacidade intelectual. E não é necessário que a vontade se sinta arder em arrebatamentos de intenso amor. Uma boa meditação pode muito bem ser "seca", "fria" ou "obscura". Pode mesmo ser consideravelmente importunada por distrações involuntárias.

São João da Cruz diz, em uma de suas obras, que "o melhor fruto cresce em terra seca e fria". Todavia, essa meditação na aridez enche a alma de humildade, paz, coragem e do propósito de perseverar na tarefa de remover os obstáculos que se opõem a nosso progresso espiritual. Pode muito bem acontecer serem nossas meditações habitualmente bastante prosaicas e até um tanto insípidas. Isso não importa, uma vez que consigamos orientar as profundezas de nossa inteligência e vontade diretamente para as coisas de Deus, apesar de nossa visão espiritual ser das mais escuras.

Uma boa meditação não nos dá, necessariamente, uma percepção absolutamente clara da verdade espiritual que buscamos. Pelo contrário, à medida que progredimos na vida interior, nossa compreensão das coisas divinas, na oração mental, tende a se tornar um tanto indefinida, pois nossa mente se acha em presença de mistérios demasiadamente vastos para a compreensão humana.

É de todo impossível ao espírito humano ter, neste mundo, uma percepção clara e total das coisas de Deus tais como são em si mesmas.

A "experiência" contemplativa das coisas divinas é atingida na treva da "fé pura", numa certeza que não vacila, se bem que não possa ter apoio em nenhuma evidência clara e definida.

Não podemos compreender isso se não nos recordarmos de uma verdade absolutamente fundamental: que a energia da meditação é gerada não pelo *raciocínio*, mas pela *fé*. Pode-se dizer, sem receio de errar, que nossa meditação é o que é nossa fé. Daí termos como objetivo em vista ao meditar, não tanto a penetração das verdades divinas por nossa inteligência, quanto a firme adesão da fé que nos permite abraçar essas verdades com toda a força de nosso ser. Não quer isso dizer que a inteligência seja excluída da oração mental e substituída por uma espécie de obscurantismo pietista. Pois, afinal, a fé é um ato da inteligência tanto como da vontade, elevado ao plano sobrenatural pela luz da graça divina. Todos os que meditam deveriam realizar o sentido pleno da sentença de Santo Anselmo: *credo ut intelligam,* "creio a fim de poder compreender". Só uma fé firme é capaz de dar à nossa vida de oração uma luz realmente espiritual. Para pormos em prática essa fé, temos de nos concentrar sobre algumas palavras de Cristo Nosso Senhor no Evangelho, ou sobre outras palavras das Escrituras divinamente inspiradas. Temos de reafirmar nossa fé e nossa convicção de serem elas, verdadeiramente, palavras de salvação, o tesouro escondido no campo, para a aquisição do qual devemos vender tudo, abandonar qualquer outra verdade, para nos aproximarmos de Deus. Devemos deixar que essas "palavras de salvação" penetrem profundamente em nossos corações e os conquistem. É precisamente quando oramos na "secura" que temos a possibilidade de exercitar, assim, nossa fé. Lembremo-nos de que a fé pode, por vezes, exigir muita luta, muito esforço. Pois teremos, talvez, que enfrentar grandes dificuldades e incertezas do ponto de vista humano, e enfrentá-las com o espírito sincero. A fé é um risco, um desafio. É tanto mais pura quanto mais a temos de conquistar pelo esforço e pelo sacrifício espiritual. Esse esforço e sacrifício têm seu lugar próprio na meditação.

Se nossa visão espiritual de Deus e do caminho que leva a Deus tende a perder seus contornos nítidos, diluindo-se na "nuvem do desconhecimento", jamais deve haver qualquer confusão e incerteza quanto ao objeto que procuramos: a união com Deus.

A oração mental não está ordenada a fazer-nos *ver* o Deus que procuramos, mas deve sempre firmar em nós o propósito de procurá-lo e a nenhum outro. Pode acontecer que a oração não nos mostre sempre claramente como encontrar o Senhor; entretanto, deverá deixar-nos cada vez mais convencidos de que nenhuma outra coisa existe digna de nossa busca. Portanto, embora o objeto de nossa oração possa estar oculto na treva, a meditação torna cada vez mais claro o fato de que esse objeto é o termo de todos os nossos esforços. Nesse sentido, Deus, e o caminho que a Ele leva, se tornam cada vez mais "nítidos", à medida que nos adiantamos na oração mental.

* * *

Acontece frequentemente, aos autores de livros sobre oração mental, insistirem no fato de dever a meditação dar frutos em relação a determinadas virtudes, e outros resultados práticos, imediatos. É realmente exato ter a meditação um fim prático, desde que deve iluminar nossas ações e fazê-las produzir fruto em comunhão com o Senhor.

A meditação, portanto, pode ser considerada em relação a dois fins, um dos quais leva ao outro. Acontecerá ser o fim imediato da oração mental a compreensão de alguma verdade particular, a resolução de abraçar determinada linha de conduta, a solução de algum problema espiritual. Tudo isso nos prepara a receber uma graça bem definida e especial, necessária à realização prática de nossos deveres cotidianos. No entanto o fim último da oração mental é *comunhão com Deus*. É claro ser verdade que a meditação nos dispõe a um fim imediato, prático, aqui na terra, tendo em vista a nossa futura união com Deus no céu. Mas o que aqui pretendo frisar é que cada meditação, cada ato de oração mental, mesmo se tiver em mira algum propósito prático, imediato, deve, também, colocar-nos em comunhão direta com Deus. Esse é o verdadeiro fruto da meditação. Qualquer outro intento prático é subordinado a esse principal com importantíssimo fim.

Tomemos um exemplo. Suponhamos que medito sobre a paciência de Nosso Senhor Jesus Cristo em sua Paixão. Suponhamos que o faça com uma finalidade prática, imediata: a ajudar-me a ser paciente numa situação difícil que devo enfrentar. Minha visão interior estará concentrada sobre o Redentor que, sem cólera, nem rancor, nem despeito ou perturbação, silenciosamente e em sublime tranquilidade interior, aceitou a mais grave injustiça e ingratidão, sem falarmos no mais doloroso sofrimento físico e moral. Verei que Ele foi capaz de passar por tudo isso em pura e desinteressada misericórdia pelos homens, inclusive os que o mataram.

Haverei também de compreender que, nisso, Jesus não me deixava apenas um exemplo para ser admirado à distância. Pela força das promessas do meu batismo, estou *obrigado* a seguir esse exemplo e a reproduzir em mim um pouco da paciência, humildade e tranquilidade de Cristo, meu Senhor, no sofrimento. Jesus mesmo disse: "Quem não toma a sua cruz e me segue não pode ser meu discípulo" (Lc 14,27).

Portanto, tendo diante de meu espírito todas essas coisas, começarei a desejar, com toda a energia de minha vontade, praticar essa mesma paciência do Senhor Jesus, conforme a minha capacidade, em minhas provações.

Conhecendo, ao mesmo tempo, a fraqueza e incapacidade de minha vontade, constrangido pelas cadeias dos apegos que me prendem, haverei, acima de tudo, de orar sincera e humildemente para alcançar a graça sem a qual jamais terei a esperança de dominar minha impaciência, irritabilidade, agressividade e os impulsos orgulhosos que me levam a querer julgar e punir os outros.

Uma meditação desse tipo está ordenada a um fim prático imediato. Visa o exercício da paciência. Procura a graça que me tornará bastante forte para ser humilde. A humildade e a resistência pacífica ao mal requerem o mais alto grau de fortaleza, uma fortaleza que só pode vir da Cruz de Cristo!

Se a meditação for bem feita, produzirá frutos concretizados num aumento de fortaleza e paciência. A paciência que terei ajudar-me-á a enfrentar de tal modo as provações, que minha alma será purificada de muitas imperfeições e obstáculos à graça. Aprenderei a melhor conhecer em mim as causas da cólera, crescerei, então, na caridade, e, desde que a caridade é a fonte do mérito sobrenatural, merecerei um mais alto grau de união com Deus no céu.

Serei, também, é claro, mais caridoso e possuirei maior virtude aqui na terra. Todavia não é isso, apenas, que viso, em última análise, ao meditar. A finalidade última da meditação deve ser uma comunhão mais íntima com Deus, não só no futuro, mas *também aqui e agora.*

Portanto, para fazer uma meditação realmente profunda e madura sobre a Paixão de Cristo, devo *identificar-me espiritualmente* com Cristo em Sua Paixão. Isso nos recorda o que acima foi dito em relação à nossa união com Cristo na Missa e sobretudo na santa comunhão. Poderíamos aplicar à meditação as palavras de Pio XII referindo-se à liturgia; tem por função "reproduzir em nossos corações a semelhança do divino Redentor através do mistério da Cruz".

Não significa isso devermos meditar exclusivamente o mistério da Paixão; mas, desde que toda graça flui do coração traspassado de Cristo na Cruz, a Paixão de Jesus é, de fato, a causa meritória e eficiente de nossa união com Deus e de nossa transformação sobrenatural. No capítulo segundo da Epístola de São Paulo aos Efésios, isso está claramente exposto. Declara o Apóstolo que, na Cruz, Cristo restabeleceu a paz entre os homens e entre a humanidade e Deus. Cristo, em realidade, tomou todas as nossas inimizades "matando-as em Si mesmo, na cruz", de maneira que Ele é a nossa "paz" e nele estamos todos unidos, num só Espírito, com Deus Pai (Ef 2,11-22). Não há dúvida, a cruz e a Ressurreição de Cristo constituem o próprio centro do misticismo cristão.

Essa grande verdade teológica torna desnecessário indicar longamente em que consiste nossa "comunhão" ou "identificação" com Jesus na oração mental.

Nossa comunhão a Cristo não é apenas uma identificação psicológica, uma questão de compaixão emocional, em que procuramos despertar em nossos corações o que imaginamos terem sido os sentimentos do Redentor na Cruz. Tampouco trata-se de uma simples comunhão moral, em que nos esforçamos, pelo pensamento e a vontade, por produzir em nós as disposições morais de Jesus. Nossa identificação com Cristo é *espiritual* e, em muitos casos, será também sacramental ou quase-sacramental.

Quero com isso dizer que se trata de uma comunhão ou identificação na ordem da graça ou do amor. A graça nos vem sobretudo pela oração, os sacramentais e sacramentos. Empreguei a palavra "quase-sacramental" para indicar situações em que nossa oração mental prolonga e desenvolve a recepção frutuosa dos sacramentos ou em que, por exemplo, meditamos com o auxílio de sacramentais como a Bíblia, a Via-Sacra ou o Terço.

A graça é a causa da vida sobrenatural e espiritual. Torna-nos filhos de Deus. Isso significa que ela nos faz viver espiritualmente da própria vida divina. Essa vida divina em nossa alma não é absolutamente mera expressão de retórica. A vida se expressa em atividades vitais. Ora, a vida sobrenatural da graça não só vivifica todo o organismo do Corpo Místico de Cristo, mas, também, produz em cada um de seus membros vivos as atividades da virtude e a vida de contemplação, manifestação da presença espiritual de Deus na alma. Ora, essa vida da graça é a vida de Cristo, Filho de Deus. Participamos da vida de Deus pelos méritos da Paixão de Cristo. Pela participação mística à Sua Paixão e morte, tornamo-nos filhos de Deus por adoção, assim como Ele o é por natureza. Nossa filiação divina se vê, por assim dizer, imersa na vida divina que Jesus possui por direito próprio como Segunda Pessoa da SSma. Trindade. Ensina Santo Tomás que Cristo, sendo "Cabeça" do Corpo Místico, tem o poder de derramar a graça em todos os membros desse Corpo. Não é isso apenas opinião de um teólogo. A Igreja nos ensina que, em realidade, Jesus envia continuamente fluxos de graça vivificante às almas de todos os que a Ele estão unidos.

Esse brevíssimo esboço é suficiente para permitir a todos compreender o grande princípio do qual depende nossa identificação com Cristo na oração contemplativa. Eis o princípio. Todos os membros do Corpo Místico de Cristo, de fato, possuem, em si, a vida divina de Cristo, e estão "misticamente" identificados com Ele, no sentido lato da palavra. Essa identificação se efetua pela recepção do batismo ou por qualquer ato de fé ou contrição vivificado pela perfeita caridade. A identificação é real e é, em verdade, nossa própria vida sobrenatural. Contudo *não temos consciência disso.* A identificação que procuramos na oração mental é, portanto, *uma tomada de consciência da união que, verdadeiramente, já existe entre nossa alma e Deus, efetuada pela graça.*

Aí está o segredo da oração mental, segredo, também, da contemplação. Nossa oração mental não atinge plenamente a finalidade a que está destinada, se não consegue despertar de algum modo em nós a consciência de nossa união com Deus, de nossa total dependência para com Ele em todos os atos vitais da nossa vida espiritual e da contínua e amorosa presença dele nas profundezas de nossa alma.

As almas contemplativas sentem-se geralmente atraídas pela presença de Deus em si, ou por alguma outra forma consciente da proximidade d'Ele ao mais íntimo de seu ser. É uma graça que, embora perfeitamente normal na vida espiritual, não é concedida a todos. Mas, mesmo os que não possuem esse atrativo especial devem compreender que a finalidade de sua oração mental é pô-los de algum modo em comunhão consciente com Deus, fonte de sua vida natural e sobrenatural e princípio de todo o bem que neles há.

COMO MEDITAR

A meditação é, em realidade, coisa simples e não há necessidade de técnicas complicadas para nos ensinar como nos sairmos bem nessa tarefa. Mas isso não significa que a oração mental possa ser praticada sem uma constante e severa disciplina interior. Especialmente em nossa época, a necessidade dessa disciplina se faz sentir, pois a moleza intelectual e moral de uma sociedade materializada roubou ao homem energia e vigor espiritual. Todavia, isso não implica na obrigação para todos de seguirem um sistema idêntico e rígido. Há uma diferença entre ser severo e ser rígido. A alma bem disciplinada, como o corpo bem disciplinado, é ágil, dócil e sabe se adaptar. A alma que não se sabe dobrar, ser flexível e livre, é incapaz de progredir no caminho da oração. Uma rigidez imprudente poderá, no início, parecer dar bons resultados, mas acabará paralisando a vida interior.

Há, entretanto, algumas exigências universais para o exercício sadio da oração mental. Não podem, de forma alguma, ser negligenciadas.

Recolhimento

Para meditar, tenho de afastar meu pensamento de tudo que me impeça de estar atento a Deus presente em meu coração. Ora, isso é impossível se não recolho meus sentidos. Mas é praticamente inútil recolher-me no momento da oração se, durante o dia, permiti aos sentidos e à imaginação andarem soltos.

Consequentemente, o desejo de se entregar à meditação supõe o esforço de conservar um recolhimento moderado e atento durante o dia todo. Significa viver habitualmente numa atmosfera de fé, com momentos ocasionais de oração e atenção a Deus. O mundo em que vivemos apresenta um problema atordoante a qualquer pessoa que deseje adquirir hábitos de recolhimento.

O preço do verdadeiro recolhimento é a firme resolução de não ter, voluntariamente, interesse por coisa alguma que não seja útil ou necessária à vida interior.

O mundo em que vivemos nos invade por todos os lados. A cada momento nos vemos assediados por inúteis atrativos que despertam emoções e paixões. Rádios, jornais, cinema, televisão, cartazes, anúncios-néon nos perseguem, incitando-nos continuamente a derramar nosso dinheiro e nossas energias vitais em favor de satisfações fúteis e transitórias. Quanto mais compramos, mais urgem conosco para que compremos ainda mais. Entretanto, quanto mais anunciam, menos temos. Apesar disso, quanto mais propaganda fazem, mais compramos. Por fim, tudo acaba consistindo em barulho e não resta satisfação no mundo a não ser a de vãs esperanças de gozos antecipados que jamais se poderão realizar.

Digo isso de maneira a fazer ver como muito do que lemos em revistas e jornais, ou vemos e ouvimos no cinema ou em outros lugares é, de todo ponto de vista, inteiramente inútil.

A primeira coisa que tenho de fazer, se quero ter vida de oração, é *desenvolver uma forte resistência às atrações fúteis que a sociedade moderna exerce sobre meus cinco sentidos*. Terei, portanto, de mortificar meus desejos.

Não falo aqui de práticas ascéticas extraordinárias, mas simplesmente da autorrenúncia requerida para viver segundo as normas da razão e do Evangelho. Nos Estados Unidos de hoje, isso pode exigir heroísmo. Pode, de fato, requerer o sacrifício de coisas supérfluas – que nos acostumamos a considerar necessárias – pelo menos até que tenhamos conquistado suficiente autocontrole para usar delas sem que nos escravizem.

O senso da indigência

Para fazer uma meditação séria e frutuosa, temos de iniciar nossa oração com o senso real da necessidade que temos dos frutos que dela provêm. Não basta aplicar nosso espírito às coisas espirituais do mesmo modo que faríamos para observar um fenômeno natural ou para nos ocuparmos de um teste científico. Na oração mental, entramos num domínio do qual não somos os senhores, e nos propomos a consideração de verdades que excedem nossa compreensão natural e que contêm, no entanto, o segredo de nosso destino. Procuramos, na oração mental, penetrar mais profundamente na vida de Deus. Mas Deus está infinitamente acima de nós, embora esteja em nós e seja o princípio de nosso ser. A graça da íntima união com Ele é, apesar de tudo, sempre um *dom* que Ele nos faz, ainda que a possamos obter pela oração e as boas obras.

Alguém que pede uma esmola tem de tomar atitude diferente daquele que exige o que de direito lhe é devido. Uma meditação que nada mais seria senão um frio estudo de verdades espirituais indica não haver, de nossa parte, desejo algum de participar mais plenamente dos benefícios espirituais, frutos da oração. Temos de iniciar a meditação compenetrados de nossa indigência espiritual, de nossa absoluta carência das coisas que procuramos, e da abjeção do nosso "nada" diante do Deus infinito.

O Filho Pródigo da parábola evangélica pode servir-nos de modelo. Havendo desbaratado em terras longínquas todo o seu patrimônio, morria de fome, sem mesmo conseguir saciar-se com os restos lançados aos porcos de que cuidava. Mas, "entrando em si", meditou sobre a condição em que se achava. A meditação foi curta e bem adequada à situação. Disse de si para si: "Aqui estou a morrer de fome, enquanto em casa de meu pai os servos têm comida em abundância. Voltarei à minha pátria e à casa de meu pai e lhe direi: Pai, pequei contra o céu e contra ti; não sou digno de ser chamado teu filho. Queres receber-me como um de teus servos?".

Os Padres da Igreja consideravam ser cada um de nós, mais ou menos, um filho pródigo, faminto, em terra estranha e distante, longe da casa paterna. Essa é a condição comum a toda a humanidade exilada do Paraíso, afastada de Deus pela preocupação desordenada das coisas perecíveis e pela constante inclinação para a autossatisfação e o pecado. Desde que essa é, realmente, nossa condição e, sendo nossa oração mental uma viagem do tempo à eternidade, do mundo a Deus, segue, consequentemente, não podermos fazer uma boa meditação se não tivermos consciência, ao menos implícita, do ponto de partida da viagem.

Isso é verdade, de um ou de outro modo, em todos os planos da vida espiritual. Os santos, aliás, estão muito mais conscientes do abismo existente entre eles e Deus do que aqueles que vivem habitualmente na periferia do pecado. À medida que nos adiantamos na vida interior, geralmente se nos torna cada vez menos necessário avivar em nós esse sentimento de indigência espiritual, essa consciência de sermos uns exilados. A alma pouco iluminada por Deus possui uma ideia muito diminuída da própria indigência. Nunca se acha em falta.

A autocomplacência habitual é quase sempre um sinal de estagnação espiritual. Os complacentes não experimentam nenhuma necessidade urgente do auxílio de Deus, não têm consciência real de sua indigência. A meditação desses é confortável, reconfortante e inconcludente. Sua oração mental degenera rapidamente em distrações, castelos no ar ou sono indisfarçado. Por essa razão, as provações e tentações podem ser uma verdadeira bênção na vida de oração. Simplesmente porque nos forçam a orar. Quando começamos a descobrir a necessidade que temos de Deus, é que aprendemos pela primeira vez como, realmente, meditar.

A atmosfera própria à oração

Alguém que tenha alcançado certa proficiência na vida interior poderá, normalmente, praticar alguma forma de oração mental, em qualquer lugar e, mais ou menos, sob quaisquer condições. Mas, tanto os que se iniciam como os proficientes necessitam reservar certa parte do dia para a meditação formal propriamente dita. Isso significa escolha de hora e lugar propício à oração e exclusão de todo possível obstáculo à meditação. Não é preciso frisar que meditamos melhor num ambiente de silêncio e recolhimento numa capela, num jardim, num quarto, num claustro, num bosque ou numa cela monástica.

As comunidades religiosas têm hora determinada para a prática da oração mental. Por vezes, a meditação degenera em rotina enfadonha, "pontos" de oração lidos em algum livro "piedoso", seguidos por um intervalo de silêncio e de distrações em comum. Apesar de desanimador em extremo, nada há nesse modo de proceder que, essencialmente, torne a meditação impossível. A própria superficialidade dos "pontos" é bem capaz de despertar em nós um senso agudo de indigência espiritual, incitando-nos a procurar o Deus vivo com profunda angústia e humildade!

Mas o fato é que a natureza humana cede facilmente à exasperação sob pressão da rotina. A exasperação fomenta a rebelião, que é um obstáculo a uma boa oração mental. Todavia, haverá sempre espíritos dóceis e humildes, prontos a se recolherem, tranquilamente, para ouvir os "pontos", recebendo com profunda gratidão a menor sugestão que lhes for possível captar. Tais almas são capazes de progredir, apesar da evidente mediocridade do ambiente.

No entanto, a aceitação passiva da mediocridade é um obstáculo ao progresso na oração. O que há de pior nessas meditações "pré-digeridas", impostas de maneira mecânica a um grupo de pessoas, é que tendem a tornar a meditação desprezível – especialmente nos seminários, onde as vítimas desse sistema não tardam em descobrir, nela, a mais leve sombra de estupidez ou artificialidade, fazendo disso assunto de comentários frívolos.

Há Ordens religiosas antigas onde se faz oração mental em comum, mas, geralmente, a sistematização e rotina são estranhas a seu espírito. A oração mental em comum não apresenta problema numa comunidade contemplativa, contanto que seja observada a regra, e as condições normais de silêncio e de boa ordem sejam mantidas.

Cada qual deve reservar para si um tempo durante o dia em que possa fazer oração em condições que lhe sejam das mais favoráveis. Isso não significa devermos procurar nossa própria satisfação até nas coisas espirituais, mas é perfeitamente legítimo, e em certos casos necessário, procurarmos um ambiente que nos ajude a rezar. A alguém que deseje seriamente meditar se deve permitir certa liberdade nessa matéria.

De modo geral, a melhor posição para meditar é sentado. Essa posição é preferida por um certo tipo de contemplativos. Citamos como prova desse fato um trecho de Richard Rolle, o encantador místico inglês do século catorze. Diz ele (no *Form of perfect living*):

"Tem-me agradado muito estar sentado; não por penitência, ou fantasia, ou por desejo de que falem de mim, ou algo de semelhante, mas só por saber que assim mais amava a Deus e por mais tempo demorava em mim a consolação do amor, do que quando andava, ou estava de pé, ou ajoelhado. Pois, sentado, estou em maior repouso e meu coração mais se eleva. Todavia pode acontecer a outro não estar bem quando sentado (como a mim sucede – e pretendo continuar até a morte) a não ser que esteja ele nas mesmas disposições de alma com que me acho."

Os católicos estão acostumados a meditar de joelhos, não acham nisso dificuldade. Geralmente, para meditar é melhor ficar tranquilo, sossegado. Entretanto, nada impede que se medite andando de um lado para o outro num jardim. Em suma, existe uma variedade quase infinita de lugares e posições que podem ser utilizados para a oração mental. É, contudo, acidental. O mais importante é a busca do silêncio, da tranquilidade, do recolhimento e da paz.

Só resta acrescentar, antes de prosseguir, que é desnecessário recordar a grande importância do lazer na vida de oração. O lazer é muito mal compreendido por alguns religiosos e pessoas de piedade, que o consideram até como sinônimo de ociosidade. Sem fazer distinção alguma entre um lazer fecundo e um lazer estéril, esses ativistas condenam todo desejo de lazer como um pecado. Acreditam que, se alguém não estiver sempre em ação e movimento, está perdendo um tempo precioso. Não compreendem o sentido da definição que Santo Tomás dá da preguiça. A preguiça, diz o Doutor Angélico, é o cansaço e o aborrecimento *daquilo que é um bem*. Não diz que a preguiça seja falta de gosto pelo que é laborioso, porque toma o cuidado de não identificar o trabalho como tal com o que é simplesmente "um bem". Entretanto, é verdade que nossa natureza decaída tem de lutar e sofrer para atingir seu bem mais elevado, o bem espiritual. Daí se segue que, na maioria dos casos, nossa preguiça seja, de fato, desagrado pelo esforço laborioso exigido para podermos conseguir esse bem. Contudo, permanece a realidade: que o bem espiritual mais elevado é uma ação tão perfeita que está absolutamente livre de todo esforço laborioso e é, portanto, ao mesmo tempo, ação perfeita e perfeito repouso. E nisso consiste a contemplação de Deus.

Ora, os Padres da Igreja compreendiam bem a importância de um certo "santo lazer" – *otium sanctum*. Não nos podemos entregar às coisas espirituais se estamos continuamente atarefados, envolvidos em atividades externas. Os negócios não constituem a virtude suprema, não se avalia a santidade pela quantidade de trabalho que possamos produzir. A perfeição está *na pureza de nosso amor a Deus*. Esse puro amor é planta delicada, que cresce e se desenvolve melhor onde há bastante tempo para permitir-lhe amadurecer.

Repousa essa verdade sobre uma base natural evidente. Disse alguém, "é necessário haver tempo para se tornar um gênio". Muitos foram os artistas que se arruinaram por causa de um sucesso prematuro que os levou ao excesso de trabalho a fim de ganhar dinheiro e renovar incessantemente a imagem de si mesmos, criada na mente do público. Um artista possuído de bom-senso pensa mais e pinta menos, um poeta respeitador de sua arte mais queima do que publica. Assim também, na vida interior não podemos ter esperança de orar bem se não nos permitimos intervalos de silenciosa transição entre o trabalho e a oração formal. Querendo produzir muito para Deus por meio de trabalhos em demasia, poderá muito bem acontecer que acabemos por nada fazer para Ele, perdendo ao mesmo tempo nossa vida interior. Santa Teresa de Lisieux sabiamente nos lembra que "Deus não precisa de nossas obras, precisa de nosso amor".

O ideal da vida contemplativa, no entanto, não está na exclusão de todo trabalho. Pelo contrário, uma inatividade total embotaria a vida interior tanto quanto uma excessiva atividade. O verdadeiro contemplativo é aquele que descobriu a arte de encontrar o lazer em plena atividade, pois trabalha com o espírito tão desapegado e recolhido que o próprio trabalho é para ele oração. Para ele, o dia todo nada mais é senão *otium sanctum*. Quer ore, quer leia, quer trabalhe, tudo lhe é recreio e repouso. Uma coisa dá equilíbrio à outra. A oração torna fácil o trabalho, este ajuda a voltar à oração com o espírito refrescado. Essas condições se acham plenamente realizadas no quadro sadio do dia monástico idealizado por S. Bento, em que se sucedem a liturgia, a leitura meditada *(lectio divina)* e o trabalho manual nos campos.

Sinceridade

A oração mental é, por natureza, *pessoal* e *individual*. Na oração vocal e na liturgia, está entendido que as palavras que pronunciamos com os lábios não expressam necessariamente os sentimentos espontâneos de nosso coração no momento. Quando nos unimos a outros na oração litúrgica, colocamos de lado nossos sentimentos atuais, para nos unirmos aos pensamentos e desejos da comunidade em que nos achamos, expressos nas orações litúrgicas. Esses, então, se tornam nossos próprios sentimentos, elevando-nos acima do plano individual, ao plano do Cristo Místico que reza na liturgia.

Na oração mental, é ainda o Cristo místico que reza em nós, mas de maneira diversa. A oração individual de alguém que reza de modo privado é, sempre, em certo sentido, uma oração da Igreja, mas não possui caráter oficial e público. É, porém, a oração do Espírito Santo num membro de Cristo, em alguém que, pelo batismo, é um "outro Cristo". Os desejos e tristezas de nossos corações se elevam, na oração, ao Pai celeste, como os desejos e tristezas de Seu Filho, pela força do Espírito Santo que nos ensina a orar, e, ainda que não saibamos sempre orar como deveríamos, reza em nós clamando ao Pai.

"Na verdade, não recebestes espírito de servidão para recair no temor, mas recebestes espírito de filhos adotivos, pelo qual gritamos: Abba, Pai! O próprio Espírito atesta juntamente com nosso espírito que somos filhos de Deus. Ora, se somos filhos, somos também herdeiros: herdeiros de Deus, co-herdeiros de Cristo, se realmente sofremos com ele, para sermos também glorificados com ele" (Rm 8,15-17).

"Igualmente, também o Espírito ajuda nossa fraqueza, pois não sabemos o que, em nossas orações, devemos pedir. Mas o Espírito, ele próprio, intercede por nós com gemidos inefáveis. E aquele que perscruta os corações sabe quais os desejos do Espírito, sabe que é em consonância com Deus que ele intercede em favor dos santos" (Rm 8,28-27).

Podemos, portanto, dizer que o escopo da oração mental é despertar em nós o Espírito Santo e sintonizar nossos corações com Sua voz, de maneira a que o deixemos falar e orar em nós, emprestando-lhe nossas vozes e afetos, para que nos tornemos, tanto quanto possível, conscientes de Sua oração em nossos corações.

Ora, supõe isso uma difícil e constante atenção à sinceridade de nosso próprio coração. Jamais, na oração mental, devemos dizer algo que não seja perfeitamente sincero, ou, pelo menos, que desejemos sinceramente seja real. Uma das razões por que nossa oração mental se torna fria e indiferente é que iniciamos com aspirações que, no momento, não nos é possível, verdadeiramente, sentir ou significar. Por exemplo, caímos de joelhos por rotina e, sem dirigir a atenção a Deus, começamos a dizer-lhe que o amamos, quase sem saber o que dizemos, de maneira mais ou menos superficial e mecânica. Temos, é verdade, um desejo mais ou menos habitual de amar a Deus, e se formos atentos ao que estamos fazendo, conseguiremos "purificar nossa intenção", mais ou menos como se estivéssemos empregando um limpador mecânico espiritual, limpando e apagando os átomos jurídicos do amor próprio. Pois, em realidade, não *queremos* aquilo que é contrário à vontade de Deus.

Entretanto, será, de fato, sincero de nossa parte expressar sentimentos profundos de amor que não sentimos? Sobretudo se nosso coração está de fato completamente frio e nosso espírito ocupado com distrações que, ainda que não as queiramos formalmente, dominem, quase de todo no momento, nossos corações?

A sinceridade, aqui, exclui a preguiça espiritual. Exige de nós um sentimento de compunção diante desse estado de distração, e um esforço leal para orar enquanto reconhecemos ter, em realidade, iniciado a oração sem desejo algum de rezar, por simples rotina.

Sim, a sinceridade exige que façamos o possível para quebrar os grilhões da rotina mesmo se isso significa sair um pouco dos moldes convencionais. Se, realmente, não sentimos disposição para orar, parece ao menos mais leal reconhecer o fato diante de Deus do que assegurar-lhe que estamos ardendo em fervor. Se admitirmos o fato sinceramente, iniciaremos a meditação numa base de humildade, constatando a necessidade de um esforço, e seremos, talvez, recompensados com a graça de um pouco de compunção que, na oração mental, é o mais precioso auxílio, como, aliás, em qualquer forma de oração.

A compunção é simplesmente a consciência de nossa indigência, frieza, e da necessidade do auxílio de Deus. Supõe fé, dor, humildade e sobretudo esperança na misericórdia divina. Para quem não conhece a compunção, a oração é fria formalidade em que se permanece concentrado sobre si mesmo. Mas aquele que tem o sentido da compunção vê, na oração, um ato vivo e vivificante que o coloca face a face com Deus, numa relação íntima de "eu e Tu", não imaginária, mas real, espiritual e pessoal. Ora, a base dessa realidade é o senso da necessidade que temos de Deus, unido à fé e confiança em Seu amor por nós.

Se comparamos a sobriedade da literatura com o emocionalismo um tanto efusivo dos livros de piedade, que se propõem a ajudar os cristãos a "meditar", veremos, imediatamente, como a oração litúrgica torna a sinceridade muito mais fácil.

A liturgia toma o homem como ele é: um pecador que procura a misericórdia de Deus. O livro de piedade o toma, por vezes, como ele é em raríssimas ocasiões, isto é: ardendo em fogo de amor exaltado e heroico, pronto a dar a vida como mártir da fé, ou prestes a sentir o coração transpassado pela flecha do amor místico. Infelizmente, na maioria, não estamos prontos a entregar a vida enfrentando o martírio, todos os dias às seis da manhã ou em qualquer outro momento de nossa oração mental, e a maioria tem pouco ou nada a ver com flechas de amor místico.

A oração mental deve ser afetiva, deve ser obra do amor. Não deve, contudo, ser algo de melodramático, uma espécie de ópera espiritual. A qualidade superafetiva de certa literatura piedosa é um resquício da piedade barroca e do misticismo de séculos passados – piedade e misticismo peculiares à Itália, França e Espanha dos séculos XVII e XVIII. Essa forma especial de piedade foi, talvez, resultado da vulgarização da espiritualidade de diversos grandes santos modernos, que exerceram influência decisiva sobre a piedade católica da época.

Em matéria de piedade, devemos ser capazes de nos elevar acima do que é apenas costume ou moda, principalmente quando perdem a atualidade. Se nos voltarmos para os próprios santos, encontramos neles uma espiritualidade bem mais pura, sóbria e viril do que em seus discípulos, mais superficiais.

Em reação contra a afetividade demasiadamente entusiástica de tal piedade, existe talvez uma tendência, especialmente na América do Norte, para se empregar um estilo coloquial e sem-cerimônia que chega ao extremo. – Chega-se a manter uma conversa amigável com "Jesus" e "Maria". Nossa Senhora, então, se torna "Mãesoca" e São José "Papaizinho". E costumamos "dizer-lhes simplesmente tudo que se passa conosco, o dia todo". Ora, isso, afinal, pode tornar-se ainda mais artificial e detestável do que as piores demonstrações de exaltação da ópera barroca. Alguns terão talvez a impressão de que essa maneira de agir é espontânea, porque tudo corre facilmente, sem esforço. Todavia, pode ser apenas uma atitude artificial, uma espécie de "pose" que aprenderam no que poderíamos chamar "a escola de espiritualidade do livro cômico". Floresce esse gênero, nos tempos atuais, na imprensa religiosa popular.

Concentração e unidade

Vimos que o progresso na vida de oração está ligado ao surgir de uma atração dominante – a concentração da vida interior num só objetivo: união com Deus. Salientamos que esse objetivo é, geralmente, obscuro à nossa experiência. O desejo de Deus se torna mais intenso e mais contínuo e, ao mesmo tempo, o conhecimento que temos dele, se eleva acima de conceitos precisos e bem definidos, tornando-se "obscuro" e mesmo confuso. Daí a angústia do místico que procura a Deus na noite da fé pura, num plano superior ao das ideias humanas, conhecendo-o, não na luz, mas na treva. A oração contemplativa abraça a Deus mais pelo amor do que pelo conhecimento positivo. Entretanto, essa união de amor, que dá à alma uma "experiência" de Deus, nela se efetua pela ação do Espírito Santo, e não pelo próprio esforço humano.

No início da vida de oração, seria erro manifesto procurar essa unificação simples e obscura de nossas faculdades em Deus pelo abandono simplista de todo esforço para raciocinar, pensar ou meditar discursivamente. A meditação é o caminho normal que leva à contemplação. Temos de nos pôr a caminho com certos conceitos simples. A meditação utiliza ideias teológicas e filosóficas bem definidas sobre Deus. Põe em jogo ideias e princípios que, estando a alma iluminada pela fé e movida a agir pela caridade, produzem frutos concretizados em profundas convicções sobrenaturais.

O êxito da oração meditativa depende de nossa capacidade em aplicar as faculdades a essas verdades reveladas, a que chamamos "a Palavra de Deus". Portanto, a meditação deve ter um assunto definido, preciso. No início da vida de oração, quanto mais precisos e concretos formos na meditação, tanto mais êxito teremos. A disciplina que nos impomos para nos concentrarmos num assunto especial claro e nítido tende a unificar as faculdades, dispondo-as assim, remotamente, para a oração contemplativa.

O assunto da meditação

Está claro que a escolha do assunto é de importância na meditação. E torna-se imediatamente evidente, desde que a meditação é uma forma íntima e pessoal de atividade espiritual, que a escolha deva ser pessoal. A maior parte das pessoas não consegue meditar bem num "tema" imposto por outro, sobretudo se é algo de abstrato.

O assunto normal da meditação, conforme a tradição ascética cristã, será algum mistério da fé. Há uma diferença entre um mistério e um dogma. Um dogma é uma declaração autoritativa mais abstrata da verdade a ser crida, envolta numa formulação oficial. A meditação sobre um dogma será, nesse sentido técnico, forçosamente um tanto fria e abstrata, embora haja espíritos que possam progredir com isso.

Um mistério não é apenas a formulação decantada e destilada duma verdade revelada, mas é a verdade integral em toda a sua manifestação concreta. Nos mistérios da fé, vemos o próprio Deus, geralmente num dos grandes atos teândricos em que Ele se revelou a nós de forma concreta e tangível, em que realizou a obra de nossa redenção e nos comunicou uma participação da sua vida divina unindo-nos a Si.

Meditar sobre um mistério da fé, no sentido em que tratamos aqui, significa, antes de mais nada, compreendê-lo externamente como nos é apresentado, como fazendo parte da experiência da Igreja. A experiência que a Igreja possui dos mistérios – se assim nós podemos expressar – é transmitida, século após século, pela Tradição.

A Tradição é a *renovação,* em cada geração cristã, do conhecimento experimental dos mistérios da fé. Cada nova época do cristianismo renova a fé e a compreensão do mistério da salvação, o mistério do homem unido a Deus em Cristo, e cada época renova essa experiência do mistério cristão de maneira que lhe é própria e característica.

Penetrar nos mistérios da fé pela meditação, guiados pelo espírito da Igreja, em especial pelo espírito da liturgia e da arte cristã, é renovar em si a experiência que a Igreja tem desses mistérios e deles participar. E, está claro, a participação plena do cristão no mistério de Cristo, nos sacramentos e na Missa, é sacramental, público e litúrgico. Daí a relação íntima entre a oração particular e o culto público da Igreja.

Suponhamos que vamos meditar sobre a Encarnação. A maneira de nos aproximarmos desse mistério – isso se impõe – é, em primeiro lugar, *ver* o mistério como a Igreja o vê. Meditamos, pois, sobre o Evangelho da Anunciação ou a narrativa da Natividade – principalmente nos textos litúrgicos das Missas de Natal ou da Anunciação. A meditação sobre a Encarnação é alimentada pela *experiência* sacramental desse mistério como é ele vivido e celebrado liturgicamente pela Igreja.

A compreensão "externa" do mistério põe em jogo a atividade dos sentidos, a imaginação, as emoções, os sentimentos e afetos. Um cristão, pela meditação e pela participação no culto litúrgico, chega a pensar e agir como se estivera presente entre os pastores em Belém. Belém é parte de sua vida. Sente-se em perfeita afinidade com o mistério do Natal, como se fora um acontecimento da sua própria vida. E, de fato, o é, embora num plano místico invisível.

A finalidade da meditação é, portanto, em primeiro lugar, tornar-nos capazes de *ver* e *experimentar* os mistérios da vida de Cristo como fatores reais, presentes em nossa própria vida espiritual.

Para tornar essa experiência mais profunda e pessoal, procura a meditação penetrar debaixo da superfície exterior, no *sentido íntimo,* e (o mais importante) *relacionar os acontecimentos históricos narrados no Evangelho, com a nossa própria vida aqui e agora.*

Em outros termos, o nascimento de Cristo Nosso Senhor em Belém não é apenas algo que eu, pela *minha* fantasia, torne presente. Desde que Ele é o Verbo eterno de Deus diante do qual o tempo está total e simultaneamente presente, o Menino nascido em Belém "me vê" agora e aqui. Isto é, *estou* presente ao Seu espírito *naquele* momento. Segue-se daí que posso falar-Lhe como a alguém presente não só na minha fantasia, mas sim atual e realmente. Esse contacto espiritual com o Senhor é o verdadeiro fim que se propõe a meditação.

Desse exemplo tão simples vemos, ainda uma vez, que a meditação é um meio para nos tornar capazes de *tomar consciência e atualizar,* em nossa própria experiência, as verdades fundamentais da fé.

Mas existem outros temas de meditação.

Nossa própria vida, nossa experiência, nossos deveres e dificuldades fazem, naturalmente, parte de nossas meditações. Em realidade, muitas "distrações" desapareceriam se compreendêssemos que não somos obrigados, em todas as ocasiões, a *ignorar* os problemas práticos de nossa vida, quando estamos em oração. Pelo contrário, por vezes esses problemas *devem ser* o assunto de nossa meditação. Pois, afinal, temos de meditar sobre nossa vocação, nossa resposta à vontade de Deus, nossa caridade para com os outros, nossa fidelidade à graça. Isso faz parte de nossas meditações sobre Cristo e Sua vida, desde que Ele quer e é seu intento viver em nós. À vida cristocêntrica tem como aspecto mais importante, para cada um de nós, *a presença atual e a atividade dele em nossas vidas.*

A meditação que não faz caso dessa verdade tende facilmente a ficar sem rumo e a se tornar confusa.

Não podemos, portanto, deixar de meditar, algumas vezes, sobre a nossa própria vida, aquilo que fizemos, o ocorrido conosco e sobre o que pretendemos ou não fazer. Mas, se acontecer que esses assuntos nos importunem inesperadamente durante a oração, devemos ligá-los à nossa fé em Cristo e na Divina Providência. Devemos tentar olhar para nossa vida à luz da vontade providencial de Deus para conosco e para com toda a humanidade. E, pela mesma razão, devemos, por vezes, meditar sobre os acontecimentos da história do nosso tempo e tentar penetrar-lhes o terrível significado.

Estaria inclinado a dizer de uma religiosa que já meditou sobre a Paixão de Cristo, mas nunca sobre os campos de concentração e extermínio de Dachau e Auschwitz, que não penetrou ela ainda plenamente na experiência do cristianismo do nosso tempo. Dachau e Auschwitz são duas terríveis, e mesmo apocalípticas apresentações da *realidade* da Paixão revivida em nossa época. Muitas pessoas piedosas poderiam estar inclinadas a julgar que tais pensamentos seriam "distrações" e tentariam excluí-los de seu espírito. Se tal maneira de reagir fosse elevada ao plano de um princípio rígido e erigido em norma invariável a seguir, levaria a uma total ausência de realismo na vida espiritual. Realidades como essas devem ser conhecidas, pensadas e compreendidas na oração. De fato, cabe sobretudo ao contemplativo "ruminar" essas terríveis verdades, tão sintomáticas, tão importantes, tão proféticas.

A única restrição a fazer aqui é em relação à atitude para com essas coisas. É claro que os jornais e as revistas noticiosas e ilustradas dão uma visão superficial e geralmente defeituosa dos acontecimentos, visão tão oca e profana que se torna totalmente impossível utilizá-la para a "meditação" ou mesmo para qualquer reflexão séria. Temos de ver essas coisas com certa profundidade e ausência de preconceitos partidários. Sem isso, a meditação nada mais será do que um amontoado de absurdos "clichês" políticos e de racionalizações autocomplacentes, pior do que inúteis, verdadeiramente perniciosos à vida interior.

Não nos esqueçamos da importância da meditação na vida de um homem como Gandhi, uma das poucas figuras espirituais de real e grande relevo que teve uma função a desempenhar na vida política moderna. Para Gandhi, a compreensão, pela meditação, do sentido interior e íntimo dos acontecimentos contemporâneos e das pressões políticas era uma obrigação religiosa e espiritual, não para alcançar o poder, e sim para libertar e defender o homem, imagem de Deus.

Bases

Para compreender os acontecimentos, até mesmo os mais triviais de nossa vida, temos de *criar uma perspectiva religiosa* e, nessa perspectiva, considerar tudo que sucede. Isso exige, em primeiro lugar, renovarmos frequentemente a compreensão e consciência do fato de que temos de morrer e nossa vida passar pela inexorável luz do Juízo. Alguém que nunca pense na hora de sua morte jamais consegue tomar decisões realmente espirituais durante a vida. Nunca será outra coisa senão um oportunista míope, faltará às suas decisões valor duradouro.

Acima de tudo, nossa vida deve ser contemplada à luz da Cruz. A Paixão, Morte e Ressurreição de Cristo Nosso Senhor transformaram inteiramente o sentido e a orientação da existência humana e de tudo aquilo que faz o homem. Alguém que não consiga compreender isso passará a vida tecendo uma teia de aranha, sem nenhuma substância e sem verdadeira razão para existir.

Uma meditação que desliza superficialmente sobre diversos assuntos acaba por não ser absolutamente meditação. Serve apenas para enfraquecer e dissipar as faculdades, deixando-as preguiçosas e sem proveito. Foram incitadas a trabalhar, mas trabalho algum foi realizado.

Para aprender a recolher as faculdades, concentrando-as sobre um ponto, é bom iniciar a meditação com o auxílio de um livro. Não quero com isso dizer que seja necessário utilizar um livro com meditações formalmente já preparadas. Qualquer livro sério sobre as coisas de Deus e a vida espiritual pode oferecer-nos material para concentrarmos nosso espírito. Todavia, normalmente, precisamos da ajuda de nossos sentidos para fixarmos a mente sobre qualquer verdade. Portanto, no início da vida espiritual, é melhor meditar, sob alguma forma concreta, as verdades que se apresentam; por exemplo, numa das parábolas ou numa palavra ou numa ação bem nítidas de algum santo ou de Cristo Nosso Senhor.

Todas as filosofias antigas e as formas mais elevadas do pensamento religioso utilizaram a parábola e as figuras simples e imaginativas para transmitir verdades profundas. Em lugar algum é isso tão real como na Bíblia. Na Sagrada Escritura, revelou-nos Deus Seus mistérios com simplicidade gráfica e concreta, tornando-os acessíveis a todas as raças e a todos os tempos. Não existe, portanto, melhor livro de meditação do que a Bíblia, em especial o Novo Testamento. A *Lectio Divina,* ou a leitura meditativa da Escritura Sagrada, foi sempre considerada pelos Padres da Igreja como a base normal de uma vida interior de meditação e oração.

Maneira ainda mais simples e proveitosa de se preparar à meditação é fazer uma leitura, refletindo em profundidade, sobre textos litúrgicos do Antigo e do Novo Testamento, tais como nos são apresentados, por exemplo, cada domingo no Missal. Desse modo, nossas meditações estarão em perfeita harmonia com o ciclo litúrgico. Tem isso a vantagem de colocar nosso coração e nosso espírito em união mais íntima e plena com a oração de toda a Igreja, dispondo-nos, assim, a receber em maior abundância as graças por Deus derramadas sobre o mundo, em resposta àquela oração.

Talvez fosse útil expormos, aqui, um simples esboço esquemático daquilo que, na oração meditativa, é essencial.

1) Preliminar – sincero esforço de recolhimento, tomada de consciência do que vamos fazer e oração para implorar a graça. Se essa preliminar for bem feita, o que segue deve correr bem, sem dificuldade.

2) Visão – tentativa para ver, focalizar, "abraçar" aquilo em que meditamos. Supõe isso um esforço no sentido *da fé*. Continuemos a nos esforçar até que a fé se torne clara e firme em nosso coração (não apenas em nossa cabeça).

3) Aspiração – O que "vemos" resulta em certas consequências práticas. Desejos, resoluções de agir de acordo com a fé, de viver nossa fé. Aqui se requer um esforço no sentido da *esperança* — devemos crer na *possibilidade* desses atos bons, ter esperança de realizar os bons desejos com o auxílio de Deus. Devemos ter, sobretudo, uma sincera esperança na possibilidade da união com Deus.

4) Comunhão – a oração aqui se torna simples e nada complicada. A fé está firme e consciente, a esperança inquebrantável, podemos repousar na presença de Deus. Trata-se de um simples sossego, uma intuição, um abraço de tranquilo amor. Se for contudo necessário voltar à atividade, demos ao amor tonalidade ativa; nesse caso, a oração será mais como a do plano anterior (nº 3) ou, então, o amor pode tomar a forma de quem *escuta* a voz do Amado. Ou, ainda, a forma do louvor. Mais frequentemente, podemos contentar-nos em repousar simplesmente, "boiando", ou deslizando pacificamente na poderosa corrente do amor que nos impulsiona, nada fazendo por nós mesmos, mas deixando o Espírito Santo agir nas profundezas secretas de nossa alma. Se a essa altura a oração se torna confusa e fraca, voltemos a uma das primeiras fases indicadas e renovemos nossa vigilância, nossa fé, nosso amor.

Podemos terminar com uma sincera e breve oração de ação de graças.

TEMPERAMENTO E ORAÇÃO MENTAL

A maneira particular como cada um faz a meditação dependerá, em larga medida, do temperamento e dos dotes naturais. Um espírito de feição intelectual e analítico desmontará um texto e suas partes componentes, seguindo passo a passo o pensamento nele exposto, detendo-se em profunda reflexão sobre cada ideia nova, de modo a examiná-lo sob ângulos diversos, trazendo à tona todas as suas implicações, tanto especulativas como práticas.

Mas não se deve levar a análise demasiado longe. O espírito deve elevar-se pelo raciocínio até o limiar da intuição. Para um intelectual, a meditação alcança o ponto alto no momento em que seu espírito consegue abraçar, num só olhar penetrante e profundo, todo o conteúdo do assunto. Repousa, então, nessa intuição, permitindo à verdade abraçada absorvê-lo, identificar-se com ele, e tornar-se, por assim dizer, uma parte dele. A intuição, permitindo à inteligência descansar temporariamente, deve deixar livre a vontade para que ela se adapte às consequências práticas da verdade assim contemplada, e oriente a vida toda de acordo com ela.

Espíritos como esses – são a minoria – podem meditar com bom resultado um artigo da *Summa Theologia* ou qualquer outro tema teológico. Mas nem sempre podem eles contentar-se com uma visão intelectual das coisas sobrenaturais. Na prática, a oração mental deve tornar-se, para um teólogo, uma espécie de refúgio, onde encontre abrigo após seus estudos especulativos, um oásis de afetividade para onde possa retirar-se e repousar do trabalho intelectual. De qualquer maneira, a oração amorosa é sempre mais elevada do que considerações especulativas. Toda oração mental, seja qual for o seu início, há de terminar em amor.

Outros espíritos menos especulativos se aproximam da verdade por uma intuição mais imediata, abraçando-a em sua totalidade, mais como beleza do que como verdade. O brilho radioso que jorra duma intuição espiritual do real é pura luz que se apodera de toda a alma. A beleza sensível perde o poder que exerce sobre a alma quando ela se acha momentaneamente sob o encanto dessa *splendor veritatis,* a irradiação da verdade, a "beleza sempre antiga e sempre nova" que trouxe, finalmente, a paz à alma de Santo Agostinho.

A maioria, porém, necessita praticar uma forma de meditação mais firmemente enraizada nos sentidos. Para esses, a concentração está ligada a uma imagem que, mentalmente, formam, e elemento de importância em sua oração será o exercício denominado por Santo Inácio "aplicação dos sentidos". Em outras palavras, precisam tomar um tema religioso concreto – uma cena do Evangelho – e tentar tornar todos os elementos dessa cena vivamente reais à imaginação.

Essa realização imaginativa de um tema religioso possui finalidade prática muito definida. É suposto que deva preparar o caminho para um contacto espiritual vivo com Deus. Meditando as páginas do Evangelho, colocamo-nos, tanto quanto possível, na presença de Deus. Despertamos em nosso coração as disposições que esperaríamos ter se estivéssemos com Ele conversando ou escutando Suas palavras. Agimos interiormente da mesma maneira como faríamos se falássemos com nosso divino Redentor. O que disse Jesus há vinte séculos se dirige igualmente a nós, neste momento. Pode não estar Ele presente fisicamente a mim, aqui e agora, como homem; está, contudo, presente como Deus. Sua divindade, que é o centro e a fonte do meu ser, é, também, o próprio Ser da sua Humanidade. Por conseguinte, o Cristo que vive e fala no Evangelho está, em verdade, muito mais presente a mim do que as pessoas que me cercam, com quem falo e trato na vida cotidiana.

Não é, portanto de modo algum, apenas mera fantasia imaginativa para nos colocarmos em presença de Cristo em qualquer cena do Novo Testamento. Todavia é preciso não esquecê-lo, a função desse aparelhamento técnico é de nos incitar a produzir atos das virtudes teologais de fé, esperança e caridade, causa da presença sobrenatural de Cristo em nossa alma.

A verdadeira finalidade da meditação cristã, por conseguinte, é praticamente a mesma que a da oração litúrgica e a recepção dos sacramentos, isto é, uma união mais profunda, pela graça e a caridade, com o Verbo Encarnado, único Mediador entre Deus e o homem, Jesus Cristo.

Contudo o valor peculiar da oração mental está em ser ela inteiramente pessoal e favorecer um crescimento espiritual na linha indicada pelas nossas próprias necessidades especiais. A vida interior exige de nós luta heroica para praticarmos a virtude e nos desapegarmos do amor desordenado das coisas temporais, criadas. Ora, não podemos, de maneira alguma, conseguir a renúncia a nossos fortíssimos desejos e aspirações naturais, se, de qualquer modo, não tivermos consciência real do valor do nosso contacto com algo de melhor. O amor de Deus permanece frio e abstrato se não conseguirmos convencer-nos do seu caráter íntimo e pessoal. Jamais poderemos esperar atingir neste mundo algo que se assemelhe a uma visão clara do que possa significar sermos nós amados pelas três Pessoas divinas em uma só natureza. Mas é muito mais fácil termos uma ideia do amor que Deus nos tem quando o vemos concretizado no amor humano de Jesus Cristo por nós. Essa é a melhor base, a mais lógica, para uma vida de fé e, portanto, é isso que deve, sobretudo, constituir o objeto primário da nossa meditação.

Conclusão

A meditação é uma obra espiritual, por vezes, difícil. Mas é uma obra de amor e desejo. Não é algo a ser praticado sem esforço, pelo menos no início. A sinceridade, humildade, perseverança de nossos esforços estarão proporcionados ao nosso desejo. Esse desejo é, por sua vez, um dom da graça. Se alguém imaginasse ser possível entregar-se à meditação sem antes rezar para obter o desejo e a graça de poder fazê-lo, em breve haveria de desistir. Mas o desejo de meditar e a graça de começar a fazê-lo devem ser tomados como uma promessa implícita de novas graças. Na meditação, como em tudo mais na vida cristã, o fruto depende de nossa correspondência à moção do Espírito Santo.

A meditação está contida quase inteiramente nesta única ideia: *despertar* o nosso ser interior, sintonizando-nos intimamente com o Espírito Santo, de maneira a correspondermos à Sua graça. Na oração mental, ao longo dos anos que passam, temos de permitir à nossa percepção interior ser purificada e "afinada". Temos de nos harmonizar com certos movimentos inesperados de graça que não combinam com nossas ideias preconcebidas da vida espiritual e, de modo algum, lisonjeiam as aspirações ambiciosas que nutrimos.

Devemos estar prontos para cooperar, não só com as graças que consolam, mas com as que nos humilham, não só com as luzes que nos exaltam, mas, também, com as que fazem estourar nossa autocomplacência. Nossa frieza e secura na oração podem muito bem ter por raiz uma defesa inconsciente em face da graça. Sem o percebermos, deixamos nossa natureza insensibilizar nossa alma, de maneira a não captarmos as graças que prevemos, intuitivamente, nos virem a ser penosas.

A meditação, portanto, deve estar sempre unida, na prática, à atitude de abandono, disposição pela qual nos entregamos à vontade e à ação de Deus. Vai de mãos dadas com a autorrenúncia e a obediência ao Espírito Santo. Quando a meditação não tem por finalidade fazer desabrochar todo o nosso ser em conformidade com a vontade de Deus, permanecerá, forçosamente, estéril e abstrata. Todavia, qualquer oração interior sincera que procure realmente alcançar esse alvo de suma importância – nossa conformidade com a vontade de Deus a nosso respeito – não pode deixar de ser recompensada pela graça. Sem dúvida alguma, essa oração se tornará uma das forças mais santificantes de nossa vida. Santa Teresa de Ávila acreditava ser impossível a alguém que se mantivesse fiel à prática da meditação vir a perder a sua alma.

Conecte-se conosco:

f facebook.com/editoravozes

◉ @editoravozes

🐦 @editora_vozes

▶ youtube.com/editoravozes

🟢 +55 24 2233-9033

www.vozes.com.br

Conheça nossas lojas:

www.livrariavozes.com.br

Belo Horizonte – Brasília – Campinas – Cuiabá – Curitiba
Fortaleza – Juiz de Fora – Petrópolis – Recife – São Paulo

EDITORA VOZES LTDA.
Rua Frei Luís, 100 – Centro – Cep 25689-900 – Petrópolis, RJ
Tel.: (24) 2233-9000 – E-mail: vendas@vozes.com.br